# Unser Liederbuch

für die Grundschule
Rhein Main Mosel Saar

Herausgegeben
Peter Fuchs un
unter Mitarbeit von Karl Berg
Buchgestaltung und Illustration von
Klaus Winter und Helmut Bischoff

ERNST KLETT VERLAG STUTTGART

# Inhalt

| | | | |
|---|---|---|---|
| Alle Birnenbäumchen schüttelt ich .. | 51 | Es tönen die Lieder ............. | 108 |
| Alle fangt an, wer singen kann .... | 63 | Es war eine Mutter ............. | 12 |
| Alleluja ...................... | 19 | Es war ein fauler Schäfer ........ | 82 |
| Alle meine Entchen haben Schwänzchen ................ | (K) 88 | Es war einmal ein brauner Bär .... | (K) 29 |
| | | Fing mir eine Mücke heut ....... | (K) 90 |
| Alle Vögel sind schon da ......... | 17 | Frischauf ins weite Feld ......... | 36 |
| Auf, auf, ihr Wandersleut ........ | 35 | Gibst du mir Steine............. | 92 |
| Auf, du junger Wandersmann ..... | 33 | Ging ein Weiblein Nüsse schütteln . | (K) 43 |
| Auf einem Baum ein Kuckuck saß . | 25 | Goldne, goldne Brücke .......... | 98 |
| Bidele, badele, budele Batzen ..... | 88 | Grün, grün, grün sind alle meine Kleider ...................... | 74 |
| Brüderchen, komm tanz mit mir.... | 94 | | |
| Da kommt die liebe Sonne wieder .. | 39 | Grüß Gott, du schöner Maien...... | 20 |
| Dankt dem Herrn ............... | (K) 45 | Habt ihr unser Haus gesehn ...... | 76 |
| Das alte ist vergangen ........... | 11 | Hänsel und Gretel verirrten sich im Wald ..................... | 96 |
| Das Kindlein, das Maria hält ..... | 61 | | |
| Das klinget so herrlich .......... | 101 | Hans Spielmann ................ | 79 |
| Das neue Jahr ist kommen ....... | (K) 12 | Has, Has, Osterhas .............. | 17 |
| Der Jäger längs dem Weiher ging .. | 48 | Hei, die Pfeifen klingen .......... | 76 |
| Der Kuckuck und der Esel ....... | 25 | Hei, so treiben wir den Winter aus . | 16 |
| Der Mai, der Mai, der lustige Mai . | 22 | Heute tanzen alle ............... | 77 |
| Der Maien ist kommen........... | 21 | Ho, ho, ho, die Fasenacht ist do ... | 104 |
| Der Mond ist aufgegangen ....... | 107 | Hör, Frau Wirtin, höre........... | 30 |
| Der Mond ist so rund........... | 9 | Hört ihr den Vogel schrein ....... | (K) 23 |
| Der Müller hat ein Mühlenhaus .... | 81 | Hört, ihr Herrn ................ | 8 |
| Der Sommer, der Sommer, ach Gott | 50 | Hört ihr vom Turm das Glockenspiel ................ | (K) 8 |
| Der Wächter auf dem Türmlein saß | 106 | | |
| Didel dadel du ................. | (K) 71 | Ich bin das ganze Jahr vergnügt.... | 80 |
| Die ganze Welt, Herr Jesu Christ .. | 19 | Ich bin der junge Hirtenknab ...... | 37 |
| Die heilgen drei König........... | 67 | Ich fahr, ich fahr .............. | 34 |
| Die helle Sonn ................. | 106 | Ich gebe mir die Ehre............ | 31 |
| Die Vögel wollten Hochzeit halten . | 24 | Ich geh mit meiner Laterne ....... | 52 |
| Ding, dong, digidigidong ........ | (K) 26 | Ich ging im Walde so für mich hin . | 41 |
| Du hast, o Gott, des Jahres Lauf ... | 45 | Ich hab 'ne schöne fette Kuh ..... | 27 |
| Du liebe, liebe Sonne ........... | 6 | Ich weiß einen Mann ............ | 91 |
| Ein Jäger aus Kurpfalz .......... | (K) 47 | Ihr Kinderlein kommet .......... | 64 |
| Ein Männlein steht im Walde ..... | 40 | Im Märzen der Bauer ........... | 15 |
| Ein Tal voll und ein Land voll .... | 86 | Inmitten der Nacht ............. | 111 |
| Endlich ist es nun soweit ........ | 69 | Ja, der berg'sche Fuhrmann ...... | 34 |
| Erde, die uns dies gebracht ...... | 44 | Jetzt fängt das schöne Frühjahr an.. | 15 |
| Es führt über den Main ......... | 99 | Jetzt steigt Hampelmann ........ | 72 |
| Es geht eine Brücke über den Bach . | 86 | Josef, lieber Josef mein .......... | 62 |
| Es gingen drei Jäger ............ | 49 | Juchhe, juchhe, der erste Schnee.... | 68 |
| Es ist die wunderschönste Brück ... | 98 | Kein Tierlein ist auf Erden ....... | 29 |
| Es kam ein Herr zum Schlößli ..... | 102 | Kennst du mich ................ | 86 |
| Es ließ sich ein Bauer ........... | 103 | Kennt ihr schon Avignon ........ | 77 |
| Es regnet ohne Unterlaß ......... | (K) 39 | Kinder, bald ist Fasenacht ....... | 104 |
| Es schneielet, es beielet ......... | 68 | Kindlein mein ................. | 8 |
| Es sungen drei Engel ............ | 18 | Kleine Lerche, liebe kleine Lerche .. | 78 |
| Es tanzt ein Bi-Ba-Butzemann .... | 74 | Kling, kling, Glöckchen.......... | 70 |

| | | | |
|---|---|---|---|
| Knusper, knusper, Knäuschen | (K) 96 | Sonne, Sonne, scheine | (K) 40 |
| Kommet all und seht | 69 | So viel Stern am Himmel stehn | 10 |
| Kommet, ihr Hirten | 59 | Spannenlanger Hansel | 42 |
| Kommt die liebe Sommerszeit | 23 | Steht auf, ihr lieben Kinderlein | 5 |
| Kommt ein Reitersmann daher | 75 | Still, still, still, wer Gott erkennen will | 63 |
| Kommt und laßt uns tanzen, springen | (K) 70 | Sur le pont d'Avignon | 77 |
| Kommt zum Stall | 28 | Trara, das tönt wie Jagdgesang | (K) 46 |
| Komm, wir gehn nach Bethlehem | 57 | Trara! So blasen die Jäger | 109 |
| Lachend, lachend kommt der Sommer | (K) 36 | Trarira, der Sommer, der ist da | 30 |
| Lange Wagen tragen viel | 89 | Und als die Schneider Jahrstag hatt'n | 83 |
| Laßt uns froh und munter sein | 55 | Und wenn das Glöcklein | 84 |
| Laterne, Laterne | 52 | Viel Glück und viel Segen | (K) 11 |
| Leer sind die Felder | 43 | Vom Himmel hoch, da komm ich her | 60 |
| Lieber guter Nikolas | (K) 55 | Vom Himmel hoch, o Englein, kommt | 62 |
| Limu limu leimen | 22 | Wach auf, wach auf, du Handwerksgesell | 32 |
| Lobe den Herren | 7 | Wachet auf im Namen Jesu Christ | 112 |
| Lobt Gott, ihr Christen | 65 | Wachet auf, wachet auf | (K) 32 |
| Lost auf, ihr Herrn | 57 | Was macht der Fuhrmann | 87 |
| Löwenzahn, Löwenzahn | 38 | Was noch frisch und jung an Jahren | 108 |
| Macht hoch die Tür | 110 | Was soll das bedeuten | 58 |
| Mai, Mai, Sommer grün | 20 | Weißt du, wieviel Sternlein stehen | 95 |
| Martin, Martin | 53 | Wenn die Bettelleute tanzen | 105 |
| Mein Handwerk fällt mir schwer | 85 | Wenn morgens früh die Sonn aufgeht | 31 |
| Morgen wolln wir Hafer mähn | 101 | Wer holt uns über | 97 |
| Nach Paris Parin Paran | 35 | Wer sitzt auf unsrer Mauer | 26 |
| Nebel, Nebel, weißer Hauch | 50 | Widewidewenne | 78 |
| Nun scheint die Sonne | 14 | Wie sind mir meine Stiefel geschwolln | 90 |
| Nun will der Lenz uns grüßen | 21 | Wind, Wind, blase | 51 |
| Nun wollen wir singen das Abendlied | 41 | Wir bauen eine neue Stadt | 92 |
| O freudenreicher Tag | 65 | Wir hassen die Sorgen | 13 |
| O großer Gott, o kleines Kind | 67 | Wir pflügen und wir streuen | 44 |
| O laufet, ihr Hirten | 111 | Wir sagen euch an den lieben Advent | 54 |
| O lieber Hauswirt mein | 56 | Wir sind die wohlbekannten, lustigen Bremer Stadtmusikanten | 93 |
| Regen, Regentröpfchen | 38 | Wir sind zwei Musikanten | 73 |
| Rinke, ranke, Rosenschein | 6 | Wir treten herein | 66 |
| Ritze, ratze, ritze | 102 | Wollen wir, wollen wir Häslein jagen | 47 |
| Rums didel dums | 89 | Wolln heimgehn | 109 |
| Sankt Martin | 53 | Zizibe | 14 |
| Schäfer, sag, wo tust du weiden | 82 | Zu Bethlehem geboren | 60 |
| Schickt mich die Mutter | 28 | Zwischen dem Ochs und dem Eselein | 61 |
| Schlaf, Kindelein, süße | 107 | | |
| Schlaf, mein liebes Kindelein | (K) 37 | | |
| Schneider, den mag ich nit | 103 | | |
| Schneidri, schneidra, schneidrum | 83 | | |
| Schön ist die Welt | 32 | | |
| Singt ein Vogel | 16 | | |
| 's ist ein Mann in Brunn' gefalln | (K) 72 | | |

# Themenkreise

*Tag*

| | | | |
|---|---|---|---|
| Morgen und Abend | 5—9 | Glückwünsche | 10—13 |

*Jahr*

| | | | |
|---|---|---|---|
| Frühling | 14—17 | Ernte und Erntedank | 42—45 |
| Passion und Ostern | 18—19 | Jagd | 46—49 |
| Mai | 20—23 | Herbst | 50—51 |
| Von den Tieren | 24—29 | Laterne und St. Martin | 52—53 |
| Sommer und Wandern | 30—37 | Advent, Weihnachten und Dreikönig | 54—67 |
| Blumen, Regen und Sonne | 38—41 | Winter | 68—69 |

*Spiel*

| | | | |
|---|---|---|---|
| Spiel und Tanz | 70—79 | Vom Sprechen zum Singen | 86—89 |
| Von fleißigen Leuten | 80—85 | Geschichten und Märchen | 90—96 |

*Lieder für Rhein, Main, Mosel, Saar* . 97—112

*Instrumentalstücke* . . . . 7, 22, 24, 46, 54, 59, 71, 76, 79, 81, 87, 100, 101, 105, 109, 112

Zu „Unser Liederbuch" sind erschienen:

*Schallplatten* 1 Frühling, Sommer, Herbst und Winter (Klettbuch 1721)
             2 Tanz und Spiel, Morgen und Abend (Klettbuch 1722)
*Lehrerband* Musik in der Grundschule (Klettbuch 17139)

Grundlegende Neubearbeitung von „Unser Liederbuch 1",
herausgegeben von Gustav Wirsching und Karl Aichele unter Mitarbeit von Hermann Feifel

1. Auflage          1 11 10 9 | 1977 76 75

Alle Drucke dieser Auflage können im Unterricht nebeneinander benutzt werden. Die letzte Zahl bezeichnet das Jahr dieses Druckes.
© Ernst Klett Verlag, Stuttgart 1966.
Die Vervielfältigung und die Übertragung einzelner Lieder, Textabschnitte, Zeichnungen oder Bilder, auch für Zwecke der Unterrichtsgestaltung, gestattet das Urheberrecht nur, wenn sie mit dem Verlag vorher vereinbart worden sind. Im Einzelfall muß über die Zahlung einer Gebühr für die Nutzung fremden geistigen Eigentums entschieden werden. Das gilt für die Vervielfältigung durch alle Verfahren einschließlich Speicherung und für jede Übertragung auf Papier, Transparente, Filme, Bänder, Platten und andere Medien.
Satz, Notenstich und Reproduktionen: Universitätsdruckerei H. Stürtz AG, 87 Würzburg
Druck: Ernst Klett, 7 Stuttgart, Rotebühlstraße 77
ISBN 3-12-171800-2

**Sei uns willkommen, lieber Tag**

1. Steht auf, ihr lieben Kinderlein!
Der Morgenstern mit hellem Schein
läßt sich frei sehen wie ein Held
und leuchtet in die ganze Welt.

2. Sei uns willkommen, lieber Tag,
vor dir die Nacht nicht bleiben mag;
leucht uns in unsre Herzen fein
mit deinem himmlischen Schein!

1. Rin-ke, ran-ke, Ro-sen-schein, lie-ber Mor-gen, komm her-ein!
Al-le uns-re Fen-ster-lein sol-len dir ge-öff-net sein, al-le uns-re Her-zen.

2. Rinke, ranke, Rosenschein,
tu dich auf, du güldner Schrein,
daß dein Leuchten, klar und rein,
immer möge bei uns sein
und die Nacht vertreibe!

Worte und Weise: Walther Pudelko, aus „Mutter Sonne",
Bärenreiter-Verlag, Kassel und Basel

1. Du lie-be, lie-be Son-ne, be-schei-ne mich, *Ende*
laß Gu-tes in mir wach-sen, das bitt ich dich.

2. Gott hat dich an-ge-wie-sen, du darfst nicht ruhn,
du mußt nach sei-nem Wil-len nun im-mer tun.

3. (wie 1.) Und wenn wir's nicht verstehen, du nicht und ich,
so wird es doch geschehen, das tröstet mich.

4. (wie 2.) Das läßt mich ruhig schlafen die lange Nacht,
ich weiß, du wirst mich wecken mit deiner Pracht

5. (wie 1.) Du liebe, liebe Sonne, Gott ist wohl gut.
Bescheine mich, mach wachsen meinen kleinen Mut!

Worte: Hermann Claudius   Weise: Gottfried Wolters,
aus Gottfried Wolters „Das singende Jahr", Möseler Verlag, Wolfenbüttel und Zürich

Richard Rudolf Klein, aus dem Schulwerk „Kinder musizieren" Heft 5, Fidula-Verlag, Boppard/Rhein

1. Lo - be den Her - ren, den mäch - ti - gen Kö - nig der Eh - ren,
   mei - ne ge - lie - be - te See - le, das ist mein Be - geh - ren.
   Kom-met zu-hauf, Psal-ter und Har - fe wacht auf, las - set den Lob-ge-sang hö - ren!

2. (3.) Lobe den Herren, der künstlich und fein dich bereitet,
   der dir Gesundheit verliehen, dich freundlich geleitet.
   In wieviel Not hat nicht der gnädige Gott über dir Flügel gebreitet!

**Der Nachtwächter ruft**

1. Hört, ihr Herrn, und laßt euch sagen:
  unsre Glock hat neun geschlagen.
  Die finstre Nacht tritt nun herein.
  Gott wird uns allen gnädig sein.
  Lobet Gott, den Herrn!

2. Hört, ihr Herrn, und laßt euch sagen:
  unsre Glock hat zehn geschlagen.
  Wahrt das Feuer und das Licht,
  daß unsrem Haus kein Schad geschieht!
  Lobet Gott, den Herrn!

*Aus Frankreich*

Hört ihr vom Turm das Glockenspiel,
don, don, don, don, don, don, don, don, don, don, don, don!

*Aus Mähren*

Kindlein mein, schlaf nur ein, weil die Sternlein kommen,
und der Mond kommt auch schon wieder angeschwommen.
Eia Wiege, Wiege mein, schlafe Kindlein, schlafe ein!

1. Der Mond ist so rund wie die Uhr auf dem Flur.
Er scheint auf die Diebe und zeigt ihre Spur.
Er scheint auf die Straße, das Feld und den Hafen,
er scheint auf den Baum, wo die Vögelein schlafen.

2. Die kreischende Katze, die quiekende Maus,
der heulende Hund an der Tür vor dem Haus,
die Fledermaus, welche so geisterhaft sacht,
sie alle gehn aus unterm Mondschein bei Nacht.

3. All jene jedoch, die dem Tage gehören,
die liegen im Schlaf, um den Mond nicht zu stören.
Drum schließen die Kinder und Blumen die Lider,
bis strahlend am Morgen die Sonne kehrt wieder.

Worte: Robert Louis Stevenson, aus „Im Versgarten"
Übertragung: James Krüss, Otto Maier Verlag, Ravensburg
Weise: Heino Schubert

# Wir gratulieren

1. So viel Stern am Himmel stehn,
so viel Wolken drüber gehn,
so viel Fisch im Wasser schwimmen,
so viel Reh im Walde springen,
so viel Schwalben ziehn nach Süden,
so viel Glück, so viel Glück sei dir beschieden!

2. So viel Dorn' ein Rosenstock,
so viel Haar' ein Ziegenbock,
so viel Taler in der Tasche,
so viel Tropfen in der Flasche,
so viel Flöh' ein Pudelhund,
|: so viel Jahr :| bleib du gesund!

*Zur Begleitung*

Weise und Satz: Heino Schubert

Viel Glück und viel Se - gen auf all dei - nen We - gen,
Ge - sund - heit und Wohl - stand sei auch mit da - bei!

Aus Werner Gneist „Kleines Liederbuch", Bärenreiter-Verlag, Kassel und Basel

Aus Westfalen

1. Das al - te ist ver - gan - gen, das neu - e an - ge - fan - gen.

1.-3. Glück zu, Glück zu zum neu - en Jahr!
1.-3. Glück zu zum neu - en Jahr, zum neu - en Jahr!

2. Es bring dir Heil und Segen,     3. Frisch auf zu neuen Taten,
viel Freuden allerwegen!     helf Gott, es wird geraten!

Das neu-e Jahr ist kom-men, habt ihr es nicht ver-nom-men?
Drum Heil und Se-gen zum Neu-en Jahr!

Weise: Walter Rein, aus dem „Kanonbüchlein", Fidula-Verlag, Boppard/Rhein

1. Es war ei-ne Mut-ter, die hat-te vier Kin-der,
den Früh-ling, den Som-mer, den Herbst und den Win-ter.

2. Der Frühling bringt Blumen, der Sommer den Klee,
   der Herbst, der bringt Trauben, der Winter den Schnee.

3. Und wie sie sich schwingen im lustigen Reihn,
   so tanzen und singen wir fröhlich darein.

*Zur Begleitung*

1. Der Januar von Norden die Erde zerspalt',
   der Winter wird kräftig, das Wasser wird kalt.

2. Der Februar, der bringt uns die Fastnacht heraus,
   da halten wir all einen fröhlichen Schmaus.

3. Im Märzen der Bauer die Ochsen einspannt.
   Er pflüget, er egget und düngt das Land.

4. April dann bekleidet die Erde mit Klee,
   bald bringt er uns Regen, bald bringt er uns Schnee.

5. Der Mai alle Wiesen mit Blumen prächtig schmückt.
   Der Bursch seinem Liebchen ein Sträußchen zuschickt.

6. Im Juni, da stehet die Sonn im höchsten Stand,
   da dürsten die Menschen, das Vieh und das Land.

7. Der Juli wird wärmer, die Sonne erhitzt.
   Darinnen entstehet viel Donner und Blitz.

8. August nun läßt sammeln in Scheunen die Frucht,
   da werden die Pilze im Walde gesucht.

9. September durchstreifet der Jäger den Wald.
   Die Rehe erjagt er, sein Horn laut erschallt.

10. Oktober muß geben dem Wein seine Kraft,
    daraus man dann keltert den fröhlichen Saft.

11. November hat Gänse und Schweine gemäst',
    da essen und trinken wir alle aufs best.

12. Dezember macht Felder und Fluren schneeweiß.
    Das Jahr ist zu Ende. Gott ewig sei Preis!

**Jetzt fängt das schöne Frühjahr an**

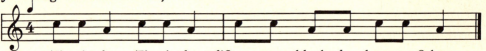

Zi - zi - be, Zi - zi - be, d'Sonn ver-schluckt den letz - ten Schnee.

*Aus Norwegen*

1. Nun scheint die Son - ne, so hell sie kann, vor dem Wal-de, vor dem Wal-de,
da fängt der Schneemann zu schwitzen an, vor dem Wal-de, vor dem Wal-de.

Vor Wut wird er schon ganz gelb und grau, und im-mer glänzt der Him-mel

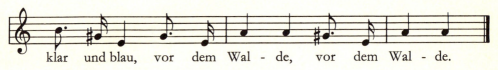

klar und blau, vor dem Wal - de, vor dem Wal - de.

2. Ach, armer Schneemann, was wird aus dir?
„Lauter Wasser, lauter Wasser!
Von Hals und Nase schon rinnt es hier
immer nasser, immer nasser!"
Die Zeit vergeht, kommt der Frühling her;
die Lerche singt: „Hier ist kein Schneemann mehr,
lauter Wasser, lauter Wasser."

3. Die Schwalbe ruft: „Er ist nicht mehr dort
vor dem Walde, vor dem Walde!"
Der Rabe schreit: „Er ist endlich fort
vor dem Walde, vor dem Walde!"
Der Bach, der fließt durch das helle Land,
die Blumen blühen, wo der Schneemann stand,
vor dem Walde, vor dem Walde.

Nachdichtung: Barbara Heuschober

*Aus Nordmähren*

1. Im Märzen der Bauer die Rößlein einspannt;
er setzt seine Felder und Wiesen instand.
Er pflüget den Boden, er egget und sät
und rührt seine Hände früh morgens und spät.

2. Die Bäurin, die Mägde, sie dürfen nicht ruhn;
sie haben im Haus und im Garten zu tun.
Sie graben und rechen und singen ein Lied;
sie freun sich, wenn alles schön grünet und blüht.

3. So geht unter Arbeit das Frühjahr vorbei;
da erntet der Bauer das duftende Heu.
Er mäht das Getreide, dann drischt er es aus;
im Winter, da gibt es manch fröhlichen Schmaus.

Aus Walther Hensel „Der singende Quell", Bärenreiter-Verlag, Kassel und Basel

*Begleitung zum Lied, zum Singen und Spielen*

*Aus dem Rheinland*

1. Jetzt fängt das schöne Frühjahr an, und alles fängt zu blühen an auf grüner Heid und überall.

2. Es blühen Blümlein auf dem Feld,
sie blühen weiß, blau, rot und gelb,
es gibt nichts Schöners auf der Welt.

3. Jetzt geh ich über Berg und Tal,
da hört man schon die Nachtigall
auf grüner Heid und überall.

1. Singt ein Vogel, singt ein Vogel, singt im Märzenwald;
kommt der helle, der helle Frühling, kommt der Frühling bald.
1.–3. Komm doch, lieber Frühling, lieber Frühling, komm doch bald herbei,
jag den Winter, jag den Winter fort und mach das Leben frei!

2. |: Blüht ein Blümlein :|, blüht im Märzenwald ...
3. |: Scheint die Sonne :|, scheint im Märzenwald ...

Worte und Weise: Heinz Lau, aus Fritz Jöde „Die Singstunde",
Möseler Verlag, Wolfenbüttel und Zürich

1.–3. Hei, so treiben wir den Winter aus,
jagen ihn aus unserm Land hinaus!
1. Wir jagen ihn zuschanden, hinweg aus unsern Landen.
1.–3. Hei, so treiben wir den Winter aus!

2. Wir schlagen in das alte Stroh,
da brennt der Winter lichterloh.

3. Wir stürzen ihn vom Berg zu Tal,
auf daß er sich zu Tode fall.

Worte und Weise: Cesar Bresgen, aus „Trariro", Voggenreiter-Verlag, Bad Godesberg

1. Has, Has, Osterhas, wir möchten nicht mehr warten.
Der Krokus und das Tausendschön,
Vergißmeinnicht und Tulpe stehn
schon lang in unserm Garten.

2. Has, Has, Osterhas,
mit deinen bunten Eiern!
Der Star lugt aus dem Kasten raus.
Blühkätzchen sitzen um sein Haus.
Wann kommst du Frühling feiern?

3. Has, Has, Osterhas,
ich wünsche mir das Beste:
ein großes Ei, ein kleines Ei,
dazu ein lustig Dideldumdei.
Und alles in dem Neste.

Worte: Paula Dehmel   Weise: Richard Rudolf Klein,
aus dem Schulwerk „Kinder musizieren" Heft 7, Fidula-Verlag, Boppard/Rhein

1. Alle Vögel sind schon da, alle Vögel, alle!
Welch ein Singen, Musiziern, Pfeifen, Zwitschern, Tirilliern!
Frühling will nun einmarschiern, kommt mit Sang und Schalle.

2. Wie sie alle lustig sind,
flink und froh sich regen!
Amsel, Drossel, Fink und Star
und die ganze Vogelschar
wünschen uns ein frohes Jahr,
lauter Heil und Segen.

3. Was sie uns verkünden nun,
nehmen wir zu Herzen:
Wir auch wollen lustig sein,
lustig wie die Vögelein,
hier und dort, feldaus, feldein,
singen, springen, scherzen.

Begleitung zum Lied, zum Singen und Spielen       Ende       von vorne

*Vorspiel 1. und 3.*

*Vorspiel 2. und 4.*

1. Es sungen drei En-gel ein sü-ßen Ge-sang,
der in dem ho-hen Him-mel klang.

2. Sie sungen, sie sungen alles so wohl,
den lieben Gott wir loben solln.

3. Wir heben an, wir loben Gott,
wir rufen ihn an, es tut uns not.

4. Herr Jesus Christ, wir suchen dich,
am Heiligen Kreuz, da finden wir dich.

*Begleitung zum Lied (allein oder zusammen mit der ersten Begleitung)*

(Es sun - gen drei En - gel ein sü - ßen Ge - sang.)

Satz: Jens Rohwer

1. Die ganze Welt, Herr Jesu Christ, alleluja, alleluja, in deiner Urständ fröhlich ist, alleluja, alleluja!

Zur Begleitung

2. Der Engel Lob im Himmel klingt, alleluja, alleluja, die Christenheit auf Erden singt, alleluja, alleluja!

3. Jetzt grünet, was nur grünen kann, alleluja, alleluja, die Bäum zu blühen fangen an, alleluja, alleluja!

4. Wacht auf, stimmt an, ihr Vögel all, alleluja, alleluja, singt Gottes Lob durch Berg und Tal, alleluja, alleluja!

5. Die Sonne kommt jetzt frisch herein, alleluja, alleluja, und füllt die Welt mit neuem Schein, alleluja, alleluja!

6. Das ist die wahre Frühlingszeit, alleluja, alleluja, ein Frühling für die Ewigkeit, alleluja, alleluja!

**Der Mai ist gekommen**                                                *Aus dem Sudetenland*

Mai, Mai, Sommer grün, die Engel singen im Himmel schön,

sie singen über die Maßen,

Gott wird euch nicht verlassen!

Nach sudetendeutschen Rufen gestaltet von Gottfried Wolters, aus Gottfried Wolters „Das singende Jahr", Möseler Verlag, Wolfenbüttel und Zürich

1. Grüß Gott, du schöner Maien, da bist du wiedrum hier,
tust jung und alt erfreuen mit deiner Blumen Zier.
Die lieben Vöglein alle, sie singen also hell;
Frau Nachtigall mit Schalle hat die fürnehmste Stell.

2. Die kalten Wind verstummen,
der Himmel ist gar blau;
die lieben Bienlein summen
daher auf grüner Au.
O holde Lust im Maien,
da alles neu erblüht;
du kannst mich sehr erfreuen,
mein Herz und mein Gemüt.

*Hirtenmelodie*                                                         *Aus Norwegen*

*Aus Schwaben und aus der Schweiz*

1. Der Maien ist kommen, und das ist ja wahr!
Es grünet jetzt alles in Laub und in Gras.
In Laub und in Gras sind der Blumen so viel;
drum tanzet Mareili zum Saitenspiel.
Nun tanz, nun tanz, Mareieli tanz!
Du hast ja gewonnen den Rosenkranz.

2. Wir hauen den Maien, wir tun ihn in Tau,
   wir singen dem Bauern, seiner freundlichen Frau.
   Der freundlichen Frau und dem ehrlichen Mann,
   der uns so reichlich belohnen kann.
   Die Bäurin ist lieb, und sie gibt uns so gern
   schöne Äpfel und Birnen mit braunen Kern.

1. Nun will der Lenz uns grüßen, von Mittag weht es lau,
aus allen Ekken sprießen die Blumen rot und blau;
draus wob die braune Heide sich ein Gewand gar fein
und lädt im Festtagskleide zum Maientanze ein.

2. Waldvöglein Lieder singen, wie ihr sie nur begehrt;
   drum auf zum frohen Springen, die Reis ist Goldes wert!
   Hei unter grünen Linden, da leuchten weiße Kleid'!
   Heija, nun hat uns Kindern ein End all Wintersleid!

*Aus Schweden*

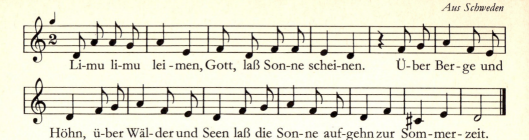

Li-mu li-mu lei-men, Gott, laß Son-ne schei-nen. Ü-ber Ber-ge und Höhn, ü-ber Wäl-der und Seen laß die Son-ne auf-gehn zur Som-mer-zeit.

Textübertragung: Gottfried Wolters, aus Gottfried Wolters „Das singende Jahr", Möseler Verlag, Wolfenbüttel und Zürich

*Aus dem Siebengebirge*

1. Der Mai, der Mai, der lu-sti-ge Mai, der kommt her-an-ge-rau-schet. Ich ging in den Busch und brach mir ei-nen Mai, der Mai, und der war grü-ne.

1.–2. Tra-la-la, tra-la-la-la-la-la, der Mai, und der war grü-ne.

2. Der Mai, der Mai, der lustige Mai erfreuet jedes Herze.
   Ich spring in den Reih'n und freue mich dabei
   und sing und spring und scherze.

*Aufzug*

Michael Praetorius

Hört ihr den Vogelschrei, was kann das für ein Vogel sein?
Der Kuckuck, der Kuckuck, der Kuckuck, der Kuckuck!

Weise: Felicitas Kukuck, aus dem Liederblatt „Mosaik", Fidula-Verlag, Boppard/Rhein

1. Kommt die liebe Sommerszeit, trägt der Wald ein grünes Kleid,
und der Kuckuck, Kuckuck, Kuckuck, der Kuckuck, der Kuckuck schreit.

2. Wenn du dann den Kuckuck fragst,
wie lang du noch leben magst,
ruft der Kuckuck, Kuckuck, Kuckuck,
der Kuckuck wohl hundertmal.

3. Hast du einen Pfennig dann,
wirst du wohl ein reicher Mann,
weil der Kuckuck, Kuckuck, Kuckuck,
der Kuckuck das machen kann.

4. Hast du keinen Pfennig nicht,
bleibst du stets ein armer Wicht,
doch den Kuckuck, Kuckuck, Kuckuck
den Kuckuck, den kümmert's nicht.

Worte und Weise: Hans Poser, aus Hans Poser „Tina, Nele und Katrein", Möseler Verlag, Wolfenbüttel und Zürich

1. Die Vögel wollten Hochzeit halten in dem grünen Walde.

1.—10. Fi-de-ra-la-la, fi-de-ra-la-la, fi-de-ra-la-la-la-la.

2. Die Drossel war der Bräutigam, die Amsel war die Braure.
3. Die Lerche, die Lerche, die führt die Braut zur Kerche.
4. Der Wiedehopf, der Wiedehopf, der schenkt der Braut 'nen Blumentopf.
5. Der Spatz, der kocht das Hochzeitsmahl, verzehrt die schönsten Bissen all.
6. Die Gänse und die Anten, das sind die Musikanten.
7. Der Pfau mit seinem bunten Schwanz, der führt die Braut zum ersten Tanz.
8. Brautmutter war die Eule, nimmt Abschied mit Geheule.
9. Frau Kratzefuß, Frau Kratzefuß gibt allen einen Abschiedskuß.
10. Nun ist die Vogelhochzeit aus, und alle ziehn vergnügt nach Haus.

*Aus England*

1. Der Kuk-kuck und der E-sel, die hat-ten ei-nen Streit,
wer wohl am be-sten sän - ge, wer wohl am be-sten sän - ge,
zur schö-nen Mai-en - zeit, zur schö-nen Mai-en-zeit.

2. Der Kuckuck sprach: „Das kann ich!"
und hub gleich an zu schrein.
|: „Ich aber kann es besser!" :|
|: fiel gleich der Esel ein. :|

3. Das klang so schön und lieblich,
so schön von fern und nah.
|: Sie sangen alle beide: :|
|: „Kuckuck, kuckuck, ia!" :|

*Aus dem Bergischen*

1. Auf ei-nem Baum ein Kuk-kuck,
sim - sa-la-dim, bam - ba, sa-la-du, sa-la-dim,
auf ei-ncm Baum ein Kuk-kuck saß.

2. Da kam ein junger Jägers ... mann.
3. Der schoß den armen Kuckuck ... tot.
4. Und als ein Jahr vergangen ... war,
5. da war der Kuckuck wieder ... da.

Ding, dong, digidigi-dong, digidigi-dong, die Katz ist krank,
ding, dong, digidigi-dong, digidigi-ding-dang-dong.

Aus „Orff-Schulwerk", B. Schott's Söhne, Mainz

A ... Ende
B ... A wiederholen

Aus „Orff-Schulwerk", B. Schott's Söhne, Mainz

Aus Litauen

1. Wer sitzt auf uns-rer Mau-er? Fa-ri-rom!
Die Katz sitzt auf der Lau-er, fa-ri-fa-ra, o Spät-ze-lein,
nehmt euch in acht vorm Kät-ze-lein! Fa-ri-fa-ra-fa-rom!

2. Nehmt euch in acht, ihr Spätzchen, farirom!
   Es kommt das Mausekätzchen, farifara, o Spätzelein ...

3. Die Katz ist heimgegangen, farirom!
   Sie hat den Spatz gefangen, farifara, drum Spätzelein ...

4. Was macht die Mausekatze – farirom –
   wohl mit dem kleinen Spatze? Farifara, das Spätzelein
   bringt sie zu ihren Kätzelein! Farifarafarom!

*Aus Wales*

1. Ich hab 'ne schö-ne fet-te Kuh, ja, ja, ja, 'ne fet-te Kuh.
Sie gibt mir Milch, die fet-te Kuh, weil ich sie hü-ten tu.
Und 'ne schö-ne weis-se Henn, ja, ja, ja, 'ne weis-se Henn.
Sie legt für mich am Tag ein Ei, und manchmal sind's auch zwei.

1.-3. Don-don-don, dy-ri-don-don-don, dy-ri-don-don-don, dy-ri-don-don-don;
don-don-don, dy-ri-don-don-don, dy-ri-don-don-don, dy-ri-don.

2. Ich hab auch noch ein fettes Schwein,
ja, ja, ja, ein fettes Schwein.
Es gibt mir Speck, das fette Schwein,
wenn's wird geschlachtet sein.
Und 'ne große dicke Gans,
ja, ja, ja, 'ne dicke Gans.
Sie gibt 'nen Braten groß und fett,
die Federn komm'n ins Bett.

3. So bin ich wohl ein reicher Mann,
ja, ja, ja, ein reicher Mann.
Und bin doch arm, ich reicher Mann,
wie geht denn das nur an?
Käm doch bald 'ne Frau ins Haus,
ja, ja, ja, 'ne Frau ins Haus.
Ich wollt sie hüten hübsch und fein
wie Gans, Henn, Kuh und Schwein.

Textübertragung: Hermann Wagner, Voggenreiter-Verlag, Bad Godesberg

*Lockruf für die Tiere*          Aus Norwegen

Kommt zum Stall, kommt her-ein, Kü-he, Scha-fe, Zick-lein mein!

Nachdichtung: Barbara Heuschober

Aus Norwegen

1. Schickt mich die Mut-ter, die Hüh-ner zu wei-den,
Dort, wo das Gras steht auf son-ni-ger Hei-den,
nehm ich die Ru-te und treib sie hin-aus.
schar-ren die Hüh-ner, und ich ruh mich aus.

Doch, o weh, nun sind's nur noch sie-ben!
Wo ist denn das ach-te ge-blie-ben?

Nun darf ich nim-mer nach Hau-se mich wa-gen,
nun darf ich nim-mer nach Hau-se zu-rück.

2. Über den Graben da ist es entwichen,
läuft durch die Wiese und läuft bis zum Teich;
da kommt der Fuchs aus dem Walde geschlichen,
schnappt sich das Huhn und verschluckt es sogleich.
Pack der Teufel dich am Kragen,
oh, was werd ich der Mutter nur sagen?
Nun darf ich nimmer ...

3. Jetzt werd ich Körner zur Mühle hintragen,
bring einen Sack voller Mehl dann nach Haus,
und zu der Mutter da werde ich sagen:
„Koch eine süße Suppe daraus!"
Sind wir beide dann sattgegessen,
hat auch die Mutter das Hühnchen vergessen:
dann darf ich wieder nach Hause mich wagen,
dann darf ich wieder nach Hause zurück.

Nachdichtung: Barbara Heuschober,
aus „Pro Musica", Möseler Verlag, Wolfenbüttel und Zürich

1. Es war ein-mal ein brau-ner Bär, brumm, brumm, brumm,
der tanz-te so von un-ge-fähr rund-her-um.

2. Er nickt mit seinem dicken Kopf,
ruck, ruck, ruck,
und steckt ihn in den Honigtopf,
guck, guck, guck.

3. Mit seiner Zunge rauh und rot,
leck, leck, leck,
nascht er den Honig ohne Brot,
schleck, schleck, schleck.

Worte: Marianne Garff   Weise: Wilhelm Keller,
aus dem „Sonnenkäfer", Fidula-Verlag, Boppard/Rhein

1. Kein Tier-lein ist auf Er-den dir, lie-ber Gott, zu klein;
du läßt sie al-le wer-den, und al-le sind sie dein.

1.–5. Zu dir, zu dir ruft Mensch und Tier,
der Vo-gel dir singt, das Fisch-lein dir springt,
die Bie-ne dir summt, der Kä-fer dir brummt,
auch pfeift dir das Mäus-lein klein:
Herr Gott, du sollst ge-lo-bet sein!

2. Das Vöglein in den Lüften
singt dir aus voller Brust,
die Schlange in den Klüften
zischt dir in Lebenslust.

3. Die Fischlein, die da schwimmen,
sind Herr, vor dir nicht stumm,
du hörest ihre Stimmen,
ohn dich kommt keines um.

4. Vor dir tanzt in der Sonne
der kleinen Mücklein Schwarm
zum Dank für Lebenswonne.
Ist keins zu klein und arm.

5. Sonn, Mond gehn auf und unter
in deinem Gnadenreich,
und alle deine Wunder
sind sich an Größe gleich.

Worte: Clemens Brentano   Weise: Peter Fuchs

**Kommt die liebe Sommerszeit**

*Aus Polen*

1. Hör, Frau Wirtin, hö - re:
   Sommer steht vorm To - re!
   Soll der Sommer fruchtbar sein,
   tu was in den Korb hin-ein:
   Grünen-der Mai, Kuchen und Ei!

2. Schau, Frau Wirtin, schaue:
   Sommer färbt die Aue!
   Soll der Sommer fröhlich sein,
   tu was in den Korb hinein:
   Pfannkuchen rund, Eier so bunt!

Textübertragung: James Krüss

*Aus der Pfalz*

1.–4. Tra - ri - ra, der Sommer, der ist da!

(1.) (2.)
1. Wir wollen in den Garten
   und wolln des Sommers warten.

(1.) (2.)
1.–4. Ja, ja, ja, der Sommer, der ist da!

2. Wir wollen hinter die Hecken
   und wolln den Sommer wecken.

3. Der Sommer hat gewonnen,
   der Winter ist zerronnen.

   *gesprochen*
4. Wir wünschen dem Herrn einen goldenen Tisch,
   auf jeder Eck einen gebackenen Fisch
   und mitten hinein drei Kannen voll Wein,
   daß er dabei kann fröhlich sein.

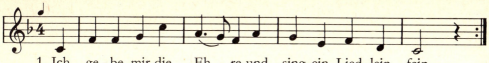

1. Ich ge-be mir die Eh-re und sing ein Lied-lein fein,
ich bin ein stol-zer Her-re, die gan-ze Welt ist mein.

1.–3. Ti-ra-la-la-la - la-la-la, ti-ra-la-la - la - la-la-la, la - la.

2. Der Landmann, der mag säen
und ernten Korn und Wein,
des Feldes Blühn und Wehen
zur Maienzeit ist mein.

3. Wie lustig ist das Wandern,
die Sorgen, die sind klein,
die schwere Welt laßt andern,
die schöne Welt ist mein.

Worte: Peter Rosegger

Aus Tolnau

1. Wenn mor-gens früh die Sonn aufgeht und gol-den wird die Welt,
wenn al - les in der Blü-te steht und Äh-ren trägt das Feld,

dann denk ich: Al-le die-se Pracht hat Gott zu mei-ner Lust ge-macht.

1.–3. Hol-la-ri, hol-la-ra, hol-la-ri, juch-he! hol-la-ri, hol-la-ra, juch-he!

2. Und uns zuliebe schmücken sich
ja Wiese, Berg und Wald,
und Vögel singen fern und nah,
daß alles widerhallt.
Zur Arbeit singt die Lerch uns zu,
die Nachtigall bei kühler Ruh.

3. Dann preis ich laut und lobe Gott
und schweb in hohem Mut
und denk: Es ist der liebe Gott,
der's meint mit allen gut.
Drum will ich immer dankbar sein
und mich der Güte Gottes freun!

1. Wa-chet auf, wa-chet auf, es kräh-te der Hahn!
2. Die Son-ne be-tritt ih-re gol-de-ne Bahn.

*Aus Westfalen*

1. Wach auf, wach auf, du Hand-werks-ge-sell,
du hast so lang ge-schla-fen;
da drau-ßen, da sin-gen die Vög-lein so hell,
der Fuhr-mann lärmt auf der Stra-ßen!

2. Was gehen mich die Vögelein an
und was des Fuhrmanns Klatschen?
Ich bin ein freier Handwerksgesell,
ich wandre auf freier Straßen.

*Aus Hessen*

1. Schön ist die Welt, drum Brü-der laßt uns rei-sen
wohl in die wei-te Welt, wohl in die wei-te Welt.

2. Wir sind nicht stolz, wir brauchen keine Pferde, |: die uns von dannen ziehn. :|
3. Wir steigen froh auf Berge und auf Hügel, |: wo uns die Sonne sticht. :|
4. Wir laben uns an jeder Felsenquelle, |: wo frisches Wasser fließt. :|
5. Wir reisen fort von einer Stadt zur andern, |: wohin es uns gefällt. :|

*Aus Franken*

1. Auf, du junger Wandersmann,
jetzo kommt die Zeit heran, die Wanderzeit, die gibt uns Freud.
Wolln uns auf die Fahrt begeben, das ist unser schönstes Leben;
große Wasser, Berg und Tal anzuschauen überall.

2. An dem schönen Donaufluß findet man ja seine Lust
und seine Freud auf grüner Heid,
wo die Vöglein lieblich singen und die Hirschlein fröhlich springen;
dann kommt man vor eine Stadt, wo man gute Arbeit hat.

3. Mancher hinterm Ofen sitzt und gar fein die Ohren spitzt,
kein Stund fürs Haus ist kommen aus;
den soll man als G'sell erkennen oder gar ein Meister nennen,
der noch nirgends ist gewest, nur gesessen in seim Nest?

4. Mancher hat auf seiner Reis ausgestanden Müh und Schweiß
und Not und Pein, das muß so sein:
trägts Felleisen auf dem Rücken, trägt es über tausend Brücken,
bis er kommt nach Innsbruck 'ein, wo man trinkt Tirolerwein.

5. Morgens, wenn der Tag angeht und die Sonn am Himmel steht
so herrlich rot wie Milch und Blut:
auf, ihr Brüder, laßt uns reisen, unserm Herrgott Dank erweisen
für die fröhlich Wanderzeit, hier und in die Ewigkeit!

Aus Walther Hensel „Der singende Quell", Bärenreiter-Verlag, Kassel und Basel

*Aus Österreich*

1.–3. Ich fahr, ich fahr, ich fahr mit der Post.
1. Fahr mit der Schnek-ken-post, die mich kein' Kreu-zer kost'
1.–3. Ich fahr, ich fahr, ich fahr mit der Post.

2. Spann die sechs Schimmel ein,
du sollst der Kutscher sein!

3. Fahre im Schneckentrab,
dann bricht kein Rad uns ab!

2. und 3. Strophe: James Krüss

*Aus dem Bergischen*

1. Ja, der berg-sche Fuhr-mann, der muß sein Wa-gen hab'n, Wa-gen hab'n.
1.–5. Da-mit fährt er den Berg hin-an, da-mit fährt er den Berg hin-an,
ho, ho, ho! A-hü!

2. Vier breite Räder, die muß sein Wagen hab'n.
3. Eine feste Deichsel, die muß sein Wagen hab'n.
4. Vier starke Rappen, die muß sein Wagen hab'n.
5. Recht viel schöne Gäste, die muß sein Wagen hab'n.

*Aus Frankreich*

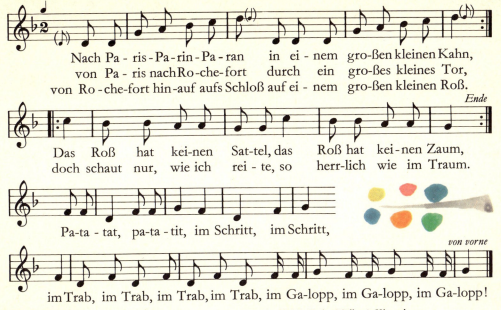

Nach Pa - ris - Pa - rin - Pa - ran in ei - nem gro - ßen kleinen Kahn,
von Pa - ris nach Ro - che - fort durch ein gro - ßes kleines Tor,
von Ro - che - fort hin - auf aufs Schloß auf ei - nem gro - ßen kleinen Roß.

*Ende*

Das Roß hat kei - nen Sat - tel, das Roß hat kei - nen Zaum,
doch schaut nur, wie ich rei - te, so herr - lich wie im Traum.

Pa - ta - tat, pa - ta - tit, im Schritt, im Schritt,

*von vorne*

im Trab, im Trab, im Trab, im Trab, im Ga - lopp, im Ga - lopp, im Ga - lopp!

Textübertragung: Irmgard von Faber du Faur, aus „Kinderreime der Welt", Verlag Müller & Kiepenheuer
Weise: Wilhelm Keller, aus Gottfried Wolters „Das singende Jahr", Möseler Verlag, Wolfenbüttel und Zürich

*Aus Nordböhmen*

1. Auf, auf, ihr Wan - ders - leut, zum Wan - dern kommt die Zeit!

Tut euch nicht lang ver - wei - len, in Got - tes Na - men rei - sen!

Das Glück, das lau - fet im - mer - fort an ei - nen an - dern Ort.

2. Ihr liebsten Eltern mein,
ich will euch dankbar sein;
die ihr mir habt gegeben
von Gott ein langes Leben,
so gebet mir gleich einer Speis
den Segen auf die Reis.

3. Der Tau vom Himmel fällt,
hell wird das Firmament;
die Vöglein in der Höhe,
wenn sie vom Schlaf aufstehen,
da singen sie mir zu meiner Freud:
lebt wohl, ihr Wandersleut!

Aus Walther Hensel „Der singende Quell", Bärenreiter-Verlag, Kassel und Basel

Lachend, lachend, lachend, lachend kommt der Sommer über das Feld, über das Feld kommt er lachend, ha, ha, ha! lachend über das Feld.

Worte und Weise: Cesar Bresgen, aus „Das Jahresrad", Voggenreiter-Verlag, Bad Godesberg

Aus Schlesien

1. Frisch-auf ins weite Feld,
zu Wasser und zu Lande hab ich mein Sinn gestellt,
zu reisen und zu wandern von einer Stadt zur andern,
so - lang es Gott gefällt, so - lang es Gott gefällt.

2. Ein wohlgereister Mann,
der in der Welt gewesen ist,
der etwas weiß und kann,
von dem ist viel zu halten
bei Jungen und bei Alten,
|: ich selbst halt viel davon. :|

3. Zu Straßburg an dem Rhein,
da gibt es viel zu schauen
von Silber und Edelstein;
wer Geld hat, der kann kaufen ein,
wer keins hat, muß es lassen sein
|: zu Straßburg an dem Rhein. :|

4. Zu Köllen an dem Rhein
gibt's soviel Kirchen und Klöster,
als Tag im Jahre sein;
wer weiß mir eine andre Stadt,
die soviel Kirchen und Klöster hat
|: als Köllen an dem Rhein. :|

Fassung: Gottfried Wolters, aus Gottfried Wolters „Das singende Jahr", Möseler Verlag, Wolfenbüttel und Zürich

*Ruf des Hirten*

*Aus Finnland*

1. Ich bin der junge Hirtenknab,
meine Kühe weid ich auf und ab,
wie der muntre Fink im Hagedorn
blas ich froh mein Rindenhorn.

1.–3. Tu - tu, tu - te - li - lu, tu - tu, tu - te - li - lu.

2. Meiner Herde Glocken läuten sacht,
und das Echo hinterm Berg erwacht,
und die Heidelerche singt und springt,
weil's so wunderlieblich klingt.

3. Wenn der Tag verglüht über Wald und See,
mit meinen Kühn ich heimwärts geh.
Noch von fern mein Horn herüberschallt,
und das Echo auch verhallt.

Textübertragung: Gisela Tiedke, Bärenreiter-Verlag, Kassel und Basel

*Aus Ungarn*

Schlaf, mein liebes Kindelein, bajuschki, baju.
Still schaut dir der Silbermond in der Wiege zu.
Dir sing ich mein Lied zur Nacht, bajuschki, baju.
Gott im hohen Himmel wacht,

*Ende*

*von vorne*

Textunterlegung nach einem russischen Lied: Peter Fuchs

Es reg-net oh-ne Un-ter-laß, es reg-net im-mer-zu,
die Schmet-ter-lin-ge wer-den naß, die Blüm-chen ge-hen zu.
Ro-ter, ro-ter Fal-ter, komm, komm auch du zu mir,
a-ber dei-nem Brü-der-lein schließ ich zu die Tür.

Weise: Helmut Bornefeld, aus „Kanons nach Kinderliedern", Bärenreiter-Verlag, Kassel und Basel

1. Da kommt die lie-be Son-ne wie-der, da kommt sie wie-der her!
Sie schlummert nicht und wird nicht mü-der und läuft doch im-mer sehr.

2. Von ihr kommt Segen und Gedeihen,
   sie macht die Saat so grün,
   sie macht das weite Feld sich neuen
   und meine Bäume blühn.

Worte: Matthias Claudius
Weise: Karl Marx, aus „Jeden Morgen geht die Sonne auf"
Bärenreiter-Verlag, Kassel und Basel

*Aus dem Rheinland*

Sonne, Sonne, scheine, fahr übern Rheine,
fahr übers Glockenhaus,
gucken drei schöne Frauen raus;
die eine, die spinnt Seide,
die andre wikkelt Weide,
die dritte geht ans Brünnchen, find't ein goldigs Kindchen.

*Vom Niederrhein*

1. Ein Männlein steht im Walde ganz still und stumm,
es hat von lauter Purpur ein Mäntlein um.
Sagt, wer mag das Männlein sein, das da steht im Wald allein
mit dem purpurroten Mäntelein?

2. Das Männlein steht im Walde auf einem Bein
und hat auf seinem Haupte schwarz Käpplein klein.
Sagt, wer mag das Männlein sein, das da steht im Wald allein
mit dem kleinen, schwarzen Käppelein?

*Ein Kind spricht*

Das Männlein dort auf einem Bein mit seinem roten Mäntelein
und seinem schwarzen Käppelein kann nur die Hagebutte sein!

Worte: Hoffmann von Fallersleben

1. Ich ging im Walde so für mich hin,
und nichts zu suchen, und nichts zu suchen,
das war mein Sinn, das war mein Sinn.

2. Im Schatten sah ich
 ein Blümlein stehn,
 |: wie Sterne leuchtend, :|
 |: wie Äuglein schön. :|

3. Ich wollt es brechen,
 da sagt es fein:
 |: Soll ich zum Welken :|
 |: gebrochen sein? :|

4. Ich grub's mit allen
 den Würzlein aus,
 |: zum Garten trug ich's :|
 |: am hübschen Haus. :|

5. Und pflanzt es wieder
 am stillen Ort;
 |: nun zweigt es immer :|
 |: und blüht so fort. :|

Worte: Johann Wolfgang von Goethe

*Aus dem Odenwald*

1. Nun wollen wir singen das Abendlied
und beten, daß Gott uns behüt.

2. Es weinen viel Augen wohl jegliche Nacht,
 bis morgens die Sonne erwacht.

3. Es wandern viel Sterne am Himmelsrund,
 wer sagt ihnen Fahrweg und Stund?

4. Daß Gott uns behüt, bis die Nacht vergeht,
 kommt, singet das Abendgebet!

**Der Herbstwind hat sich eingestellt**

1. Span-nen-lan-ger Han-sel, nu-del-dik-ke Dirn,
gehn wir in den Gar-ten, schüt-teln wir die Birn'.
Schüt-tel ich die gro-ßen, schüt-telst du die klein',
wenn das Säk-kel voll ist, gehn wir wie-der heim.

2. „Lauf doch nicht so närrisch, spannenlanger Hans!
   Ich verlier die Birnen und die Schuh noch ganz."
   „Trägst ja nur die kleinen, nudeldicke Dirn,
   und ich schlepp den schweren Sack mit den großen Birn'."

*Aus Ostpreußen*

1. Ging ein Weiblein Nüsse schütteln, Nüsse schütteln, Nüsse schütteln, alle Burschen halfen rütteln, halfen rütteln rums!

2. Ging ein Weiblein |: Himbeern pflücken, :| riß die Krinolin in Stücken, sie in Stücken, rums!

3. Hat nicht nur den |: Rock zerrissen, :| wird die Schuh auch |: flicken müssen, :| rums!

*Aus Dänemark*

Leer sind die Felder und voll ist die Scheune, und der Müller in der Mühle mahlt das Korn zu Mehl.
Heut laßt uns schütteln die allerletzten Bäume, darum sind die Burschen und die Mädchen so fidel.

Recht die Felder ab, aber nicht zu knapp!
Vögelein und Mäuschen kriegen auch noch etwas ab.

Textübertragung: Gerhard Bünemann, Möseler Verlag, Wolfenbüttel und Zürich

Er - de, die uns dies ge-bracht, Son - ne, die es reif ge-macht.

Lie - be Son - ne, lie - be Er - de, eu-er nicht ver-ges-sen wer - de!

Worte: Christian Morgenstern  Weise: Walther Pudelko, aus „Mutter Sonne", Bärenreiter-Verlag, Kassel und Basel

1. Wir pflü - gen und wir streu - en den Sa - men auf das Land;
doch Wachs-tum und Ge - dei - hen steht nicht in uns-rer Hand.

1.–4. Al - le gu - te Ga - be kommt o - ben her, von Gott,
vom schö - nen blau - en Him - mel her - ab!

2. Der tut mit leisem Wehen
sich mild und heimlich auf,
und träuft, wenn wir heim gehen,
Wuchs und Gedeihen drauf.

3. Der sendet Tau und Regen
und Sonn- und Mondenschein,
der wickelt Gottes Segen
gar zart und künstlich ein.

4. Und bringt ihn dann behende
in unser Feld und Brot;
es geht durch unsre Hände,
kommt aber her von Gott.

Worte: Matthias Claudius

1. Du hast, o Gott, des Jah-res Lauf ge-krönt in dei-ner Macht:
der Fel-der Sa-men gin-gen auf, es glänzt der Er-de Pracht.

2. Du hast das ganze Land erfreut,
Du ließt den Regen fließen,
daß aus der dunklen Erd erneut
die Halme konnten sprießen.

3. Nun wogt das reife Korn im Tal,
nun gibt es keine Not;
nun jauchzt und singt man überall;
denn du gabst uns das Brot.

Worte: Elisabeth Gräfin Vitzthum   Weise und Satz: Richard Rudolf Klein, aus dem Schulwerk „Kinder musizieren" Heft 9, Fidula-Verlag, Boppard/Rhein

*Zur Begleitung*

Dankt dem Herrn für sei-ne Ga-ben! A-men, a-men.

Wolfgang Amadeus Mozart

1. Tra - ra, das tönt wie Jagd - ge - sang,
2. wie wil - der und fröh - li - cher Hör - ner - klang,
3. wie Jagd - ge - sang, wie Hör - ner - klang:
4. Tra - ra, tra - ra, tra - ra!

Ludwig van Beethoven

Aus Holland

1.–4. Wol-len wir, wol-len wir Häs-lein ja-gen im Re-vier!

1. Häs-lein ja-gen ü-ber die Hei-de, das ist uns-re größ-te Freu-de, Häs-lein wol-len wir ja-gen gahn.

1.–4. Hui, Häs-lein, flüch-ti-ges Häs-lein, hui, Häs-lein, ü-ber die Heid!

2. Über Stock und über Steine,
   aber brich dir nicht die Beine,
   Häslein wollen wir jagen gahn.

3. Hei, jetzt springt es über den Graben,
   Häslein, Häslein wollen wir haben,
   Häslein wollen wir jagen gahn.

4. Aber Häslein läuft von dannen,
   nimmer werden wir es fangen,
   nimmer Häslein jagen gahn.

Freie Textübertragung und Fassung der Weise: Gottfried Wolters, aus
Gottfried Wolters „Das singende Jahr", Möseler Verlag, Wolfenbüttel und Zürich

Aus Hessen

1. Ein Jä-ger aus Kur-pfalz, der rei-tet durch den grü-nen Wald, er schießt das Wild da-her, gleich wie es ihm ge-fallt.

1.–3. Ju-ja, ju-ja, gar lu-stig ist die Jä-ge-rei all-hier auf grü-ner Heid, all-hier auf grü-ner Heid.

2. Auf, sattelt mir mein Pferd und legt darauf den Mantelsack,
   so reit ich hin und her als Jäger aus Kurpfalz.

3. Jetzt reit ich nicht mehr heim, bis daß der Kuckuck Kuckuck schreit;
   er schreit die ganze Nacht allhier auf grüner Heid.

*Vom Niederrhein*

1. Der Jäger längs dem Weiher ging. Lauf, Jäger lauf!
Die Dämmerung den Wald umfing.
1.–8. Lauf, Jäger lauf, Jäger lauf, lauf, lauf,
mein lieber Jäger, guter Jäger lauf, lauf, lauf,
mein lieber Jäger lauf, mein lieber Jäger lauf!

2. Was raschelt in dem Grase dort? ...
Was flüstert leise fort und fort?

3. Was ist das für ein Untier doch? ...
Hat Ohren wie ein Blocksberg hoch!

4. Das muß fürwahr ein Kobold sein! ...
Hat Augen wie Karfunkelstein!

5. Der Jäger furchtsam um sich schaut ...
Jetzt will ich's wagen – o, mir graut!

6. O Jäger, laß die Büchse ruhn ...
Das Tier könnt dir ein Leides tun!

7. Der Jäger lief zum Wald hinaus, ...
verkroch sich flink im Jägerhaus.

8. Das Häschen spielt im Mondenschein, ...
ihm leuchten froh die Äugelein.

1. Es gingen drei Jäger wohl auf die Pirsch,
sie wollten erjagen den weißen Hirsch.
Sie legten sich unter den Tannenbaum,
da hatten die drei einen seltsamen Traum.

*Der Erste spricht:*
2. Mir hat geträumt, ich klopf auf den Busch,
da rauschte heraus der Hirsch, husch-husch!
*Alle:* Husch-husch, husch-husch, husch-husch!

*Der Zweite spricht:*
3. Und als er sprang mit der Hunde Geklaff,
da brannte ich ihn auf das Fell, piff-paff!
*Alle:* Piff-paff, piff-paff, piff-paff!

*Der Dritte spricht:*
4. Und als den Hirsch an der Erde ich sah,
da stieß ich mit Lust ins Horn, trara!
*Alle:* Trara, trara, trara!

5. So lagen sie da und sprachen, die drei.
Da rannte der weiße Hirsch vorbei.
Und eh die drei Jäger ihn recht gesehn,
so war er davon über Täler und Höhn.

Husch-husch! Piff-paff! Trara!

Worte: Ludwig Uhland
Weise: Richard Rudolf Klein, aus dem Schulwerk „Kinder musizieren" Heft 12, Fidula-Verlag, Boppard/Rhein

*Aus dem Rheinland*

1.–4. Der Som - mer, der Som - mer, ach Gott, was fang ich an?

1. Man sieht nicht Korn noch Blu-men mehr, und al - le Fel-der ste-hen leer.

1.–4. Ach Som - mer, ach Som - mer, ach Som-mer, du mußt gahn.

2. Was gestern grün, vergeht geschwind,
   und durch die Wälder fährt der Wind.
3. Der Herbstwind hat sich eingestellt,
   er jagt die Blätter übers Feld.
4. Die Welt will weißes Kleid anziehn,
   die Sonn darf nicht mehr früh aufstehn.

Strophenergänzung: Gottfried Wolters, aus Gottfried Wolters „Das singende Jahr", Möseler Verlag, Wolfenbüttel und Zürich

Ne - bel, Ne - bel!

Ne - bel, Ne - bel, wei - ßer Hauch, wal - le ü - ber Baum und Strauch!

Ne - bel, Ne - bel, wei - ße Wand, flie - ge hin ins wei - te Land,

flie - ge ü - ber Tal und Höhn, laß die gold-ne Son - ne sehn! Ne – bel!

Worte: A. Blume   Weise: Walther Pudelko, aus „Musikanten die kommen", Bärenreiter-Verlag, Kassel und Basel

1. Wind, Wind, blase! Im Felde sitzt ein Hase. Er frißt den schönen, fetten Kohl. Wer jagt das kleine Häschen wohl? Wind, Wind, blase!

2. Wind, Wind, brause!
   Die Maus sitzt hinterm Hause.
   Sie blinzelt da aus ihrem Loch.
   Die böse Katze fängt sie doch.
   Wind, Wind, brause!

3. Wind, Wind, wehe!
   Im Walde sind zwei Rehe.
   Das eine groß, das andre klein,
   so geht es über Stock und Stein.
   Wind, Wind, wehe!

4. Wind, Wind, heule!
   Im Dach wohnt eine Eule.
   Die ärgert sich den ganzen Tag,
   daß sie kein Mensch mehr leiden mag.
   Wind, Wind, heule!

5. Wind, Wind, leise!
   Ein Stern geht auf die Reise.
   Und wer ihn sieht dort überm Baum,
   dem schenkt er einen schönen Traum.
   Wind, Wind, leise!

Worte: Gustav Sichelschmidt  Weise: Richard Rudolf Klein, aus dem Schulwerk „Kinder musizieren" Heft 7, Fidula-Verlag, Boppard/Rhein

*Aus Siebenbürgen*

Alle Birnenbäumchen schüttelt ich, schüttelt ich,
das Siebengestirn ist hinterm Berg, *Ende*
das Siebengestirn ist hinterm Berg.
*von vorne*
Ein Abend ist geworden, nach Hause laßt uns gehn,
die dürren Blätter fallen, die grünen bleiben stehn.

*Aus Hamburg*

Laterne, Laterne, Sonne, Mond und Sterne,
brenne auf, mein Licht, brenne auf, mein Licht,
aber nur meine liebe Laterne nicht!

*Aus Norddeutschland*

Ich geh mit meiner Laterne und meine Laterne mit mir.
Da oben leuchten die Sterne, und unten leuchten wir.
Mein Licht ist aus, wir gehn nach Haus, ra-bimmel, ra-bammel, ra-bumm.

*Aus Thüringen*

Martin, Martin,
Martin war ein frommer Mann,
zündet viele Lichter an,
daß er droben sehen kann, was er unten hat getan.

*Aus dem Rheinland*

1. Sankt Martin, Sankt Martin,
Sankt Martin ritt durch Schnee und Wind, sein Roß, das trug ihn fort geschwind.
Sankt Martin ritt mit leichtem Mut, sein Mantel deckt ihn warm und gut.

2. |: Im Schnee saß, :| im Schnee da saß ein armer Mann,
hatt Kleider nicht, hatt Lumpen an.
„O helft mir doch in meiner Not,
sonst ist der bittre Frost mein Tod!"

3. |: Sankt Martin, :| Sankt Martin zieht die Zügel an,
das Roß steht still beim armen Mann.
Sankt Martin mit dem Schwerte teilt
den warmen Mantel unverweilt.

4. |: Sankt Martin, :| Sankt Martin gibt den halben still,
der Bettler rasch ihm danken will.
Sankt Martin aber ritt in Eil
hinweg mit seinem Mantelteil.

**Nun sei uns willkommen, Herre Christ,
der du unser aller Herre bist,
willkommen auf Erden!**

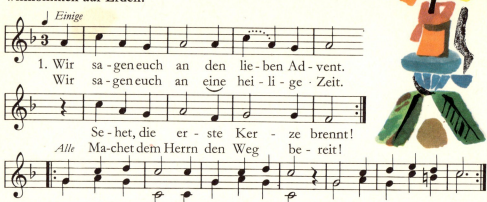

1. Wir sagen euch an den lieben Advent.
   Sehet, die erste Kerze brennt!

   Wir sagen euch an eine heilige Zeit.
   Machet dem Herrn den Weg bereit!

1.–4. Freut euch, ihr Christen, freuet euch sehr! Schon ist nahe der Herr.

2. Wir sagen euch an den lieben Advent.
   Sehet, die zweite Kerze brennt!
   So nehmet euch eins um das andere an,
   wie auch der Herr an uns getan.

3. Wir sagen euch an den lieben Advent.
   Sehet, die dritte Kerze brennt!
   Nun tragt eurer Güte hellen Schein
   weit in die dunkle Welt hinein.

4. Wir sagen euch an den lieben Advent.
   Sehet, die vierte Kerze brennt!
   Gott selber wird kommen, Er zögert nicht.
   Auf, auf, ihr Herzen und werdet licht!

Worte: Maria Ferschl   Weise und Satz: Richard Rudolf Klein, aus dem Liederblatt „Mosaik", Fidula-Verlag, Boppard/Rhein

Lie-ber gu-ter Ni-ko-las, bring den klei-nen Kin-dern was,
laß die gro-ßen lau-fen, die kön-nen sich was kau-fen.

Weise: Hans Kulla, aus der „Fidel", Fidula-Verlag, Boppard/Rhein

*Aus dem Hunsrück*

1. Laßt uns froh und mun-ter sein und uns in dem Her-ren freun!
Lu-stig, lu-stig, tra-le-ra-le-ra,
bald ist Nik-laus-a-bend da, bald ist Nik-laus-a-bend da!

2. Dann stell ich den Teller auf,
Niklaus legt gewiß was drauf!
Lustig, lustig, traleralera,
|: bald ist Niklausabend da! :|

3. Wenn ich schlaf, dann träume ich:
Jetzt bringt Niklaus was für mich!
Lustig, lustig, traleralera,
|: heut ist Niklausabend da! :|

4. Wenn ich aufgestanden bin,
lauf ich schnell zum Teller hin.
Lustig, lustig, traleralera,
|: nun war Niklausabend da! :|

5. Niklaus ist ein guter Mann,
dem man nicht g'nug danken kann.
Lustig, lustig, traleralera,
|: nun war Niklausabend da! :|

*Josef*  
*Aus Österreich*

1. O lie-ber Haus-wirt mein, ein-mal er-wacht!
   Wir bit-ten in-nig-lich, die-ses be-tracht:

*Maria und Josef*

Jo-sef, Ma-ri-a rein bit-ten um Her-berg heint.

O lie-ber Haus-wirt mein, laß uns doch ein!

*Hauswirt*

2. Wer klopft an meiner Tür bei später Nacht,
   der heut zu Bethlehem kein Herberg hat?
   Muß sein ein loser Mann,
   das merk ich ihm schon an.
   Mein Haus ist selber mit Fremden voll an.

*Alle*

3. Josef, der fromme Mann, weinet und klagt,
   daß er so spat noch kein Herberg nicht hat.
   Bei kühlem Wind und Schnee
   muß dort Maria stehn,
   soll das kein Kummer sein, niemand laßt's ein.

*Maria*

4. Josef, o Josef mein, nicht so betrübt,
   Gott wird's sein Willen sein, bleibn mir allhier.

*Alle*

Und in der größten Not
helf uns der höchste Gott,
der uns erlösen kann aus aller Not.

*Aus Oberbayern*

1. Lost auf, ihr Herrn, und laßt euch sagn:
Der Hammer, der hat zwölf geschlagn.
Was will denn das bedeuten? Seht diesen Glanz von weitem!
Zu Mitternacht tut's tagn.

2. Wer hat denn dieses Licht anzündt?
   Seht nur, wie dort ein Sternlein brennt!
   Will uns denn Gott ein Sonnen
   jetzt bei der Nacht vergonnen,
   die man ansonst nit findt?

3. Und wen hör ich dann singn so schön?
   Ich mein, der Himmel tut offenstehn.
   Sind nichts als lauter Freuden,
   tun d' Engel uns andeuten;
   o Brüder, das ist schön.

4. Hör nichts als lauter Gloria;
   gut Botschaft ich erfahre ja.
   Denn heut ist uns geboren
   der Heiland auserkoren.
   Singt alle Gloria!

5. So laufet nur fein eilends g'schwind
   hin zu dem lieben Gotteskind!
   Zu Bethlehem dort unten
   wird es werden gefunden,
   der Engel hat's verkündt.

*Aus der Tschechei*

1. Komm, wir gehn nach Bethlehem, dideldudel dideldudel dideldudeldei!
1.–5. Jesulein, Herre mein, wiegen wollen wir dich gar fein.

2. Hansel, blas die Flöte du, ...
3. Seppl, spiel den Dudelsack, ...
4. Und du Görgel, streich die Fiedel, ...
5. Christoph, laß den Baß erklingen, ...

Aus Schlesien

1. Was soll das bedeuten? Es taget ja schon.
   Ich weiß wohl, es geht erst um Mitternacht rum.
   Schaut nur daher, schaut nur daher!
   Wie glänzen die Sternlein je länger je mehr!

2. Treibt zusammen, treibt zusammen die Schäflein fürbaß!
   Treibt zusammen, treibt zusammen, dort zeig ich euch was:
   Dort in dem Stall, dort in dem Stall
   werdet Wunderding sehen, treibt zusammen einmal!

3. Ich hab nur ein wenig von weitem geguckt,
   da hat mir mein Herz schon vor Freuden gehupft:
   Ein schönes Kind, ein schönes Kind
   liegt dort in der Krippe bei Esel und Rind.

4. Das Kindlein, das zittert vor Kälte und Frost.
   Ich dacht mir: wer hat es denn also verstoßt,
   daß man auch heut, daß man auch heut
   ihm sonst keine andere Herberg anbeut?

5. So gehet und nehmet ein Lämmlein vom Gras
   und bringet dem schönen Christkindlein etwas.
   Geht nur fein sacht, geht nur fein sacht,
   auf daß ihr dem Kindlein kein Unruh nicht macht.

*Aus Österreich*

Ende

von vorne

*Aus Böhmen*

1. Kom - met, ihr Hir - ten, ihr Män - ner und Frau'n!
Kom - met, das lieb - li - che Kind - lein zu schaun!
Chri - stus, der Herr, ist heu - te ge - bo - ren,
den Gott zum Hei - land euch hat er - ko - ren. Fürch - tet euch nicht!

2. Lasset uns sehen in Bethlehems Stall,
was uns verheißen der himmlische Schall.
Was wir dort finden, lasset uns künden,
lasset uns preisen in frommen Weisen:
Halleluja!

3. Wahrlich, die Engel verkündigen heut
Bethlehems Hirtenvolk gar große Freud.
Nun soll es werden Friede auf Erden,
den Menschen allen ein Wohlgefallen.
Ehre sei Gott!

1. Vom Himmel hoch, da komm ich her, ich bring euch gute neue Mär, der guten Mär bring ich so viel, davon ich singen und sagen will.

2. Euch ist ein Kindlein heut geborn
von einer Jungfrau auserkorn,
ein Kindelein, so zart und fein,
das soll euer Freud und Wonne sein.

3. Es ist der Herr Christ, unser Gott,
der will euch führn aus aller Not,
er will eur Heiland selber sein,
von allen Sünden machen rein.

4. Des laßt uns alle fröhlich sein
und mit den Hirten gehn hinein,
zu sehn, was Gott uns hat beschert,
mit seinem lieben Sohn verehrt.

5. Lob, Ehr sei Gott im höchsten Thron,
der uns schenkt seinen eignen Sohn.
Des freuen sich der Engel Schar
und singen uns solch neues Jahr.

Worte und Weise: Martin Luther

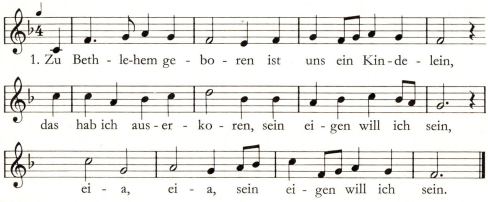

1. Zu Bethlehem geboren ist uns ein Kindelein, das hab ich auserkoren, sein eigen will ich sein, eia, eia, sein eigen will ich sein.

2. In seine Lieb versenken
will ich mich ganz hinab;
mein Herz will ich ihm schenken
und alles, was ich hab,
eia, eia, und alles was ich hab.

3. O Kindelein, von Herzen
will ich dich lieben sehr,
in Freuden und in Schmerzen
je länger mehr und mehr,
eia, eia, je länger mehr und mehr.

*Aus Frankreich*

1. Zwischen dem Ochs und dem Eselein schläft, schläft, schläft das Jesulein. 1.–3. Bei dem lieben Kind tausend Engel sind, loben Gottes Sohn. Kyrie - leison.

2. Zwischen den Armen der Jungfrau rein schläft ...
3. Zwischen den Rosen und Lilien fein schläft ...

Textübertragung: Lieselotte Holzmeister, aus dem „Psälterlein", Fidula-Verlag, Boppard/Rhein   Satz: Karl Marx

1. Das Kindlein, das Maria hält, ist Gottes Sohn, der Herr der Welt, geborn so arm auf Erden.

2. Es kommt zu uns das heil'ge Kind,
   die wir gar sehr verstöret sind
   in Not und viel Beschwerden.

3. Der Heiland ist es und der Held,
   der wider alle Feind sich stellt
   auf dieser dunklen Erden.

4. Und wer es mit dem Kinde wagt,
   der muß auf Erden unverzagt,
   muß stark und fröhlich werden.

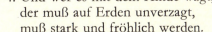

Weise: Hans Kulla, aus der „Liedpostkartenmappe" 3, Fidula-Verlag, Boppard/Rhein

*Maria*

1. Jo - sef, lie - ber Jo - sef mein,
hilf mir wiegen das Kin - de - lein!
Gott, der wird dein Loh - ner sein
im Him - mel-reich, der Jung - frau Sohn Ma - ri - a.

*Josef*

2. Gerne, liebe Maria mein,
helf ich dir wiegen das Kindelein,
Gott, der wird mein Lohner sein
im Himmelreich, der Jungfrau Sohn Maria.

1. Vom Him - mel hoch, o Eng - lein, kommt!
Ei - a, ei - a, su - sa - ni, su - sa - ni, su - sa - ni.
Kommt, singt und klingt, kommt, pfeift und trombt!
1.-5. Al - le - lu - ja, al - le - lu - ja:
Von Je - sus singt und Ma - ri - a.

2. Kommt ohne Instrumente nit, eia ...
bringt Lauten, Harfen, Geigen mit!

3. Die Stimmen müssen lieblich gehn, eia ...
und Tag und Nacht nicht stille stehn.

4. Das Saitenspiel muß lauten süß, eia ...
davon das Kindlein schlafen müss.

5. Singt Fried den Menschen weit und breit, eia ...
Gott Preis und Ehr in Ewigkeit!

*Aus Oberbayern*

1. Al - le fangt an, wer sin - gen kann,
Pfei - fen und Gei - gen, kei - ner soll schwei - gen,
laßt euch nur hörn dem Kind - lein zu Ehrn.

2. Jesulein süß,
von Herzen dich grüß,
tust mir gefallen;
lieb dich vor allen.
Du bist ganz mein:
Schließ mich ins Herz ein!

3. Maria, sitz zu!
Leg's Kindlein in d'Ruh,
daß es tut schlafen
und nit erwachen!
Denn es liegt hart,
ist klein und ist zart.

4. Öchslein, nit brüll,
wann's Kind schlafen will!
Den Atem laß gehn
über's Kindelein schön,
daß es tut nit erfriern!
Der Josef soll's wiegn!

*Aus Lothringen*

1. Still, still, still, wer Gott er - ken - nen will.
Ein Kind, ge - born in ei - ner Nacht,
hat uns das Heil der Welt ge - bracht:
Still, still, still, wer Gott er - ken - nen will.

2. Wo, wo, wo, wo ist das Kindelein?
Zu Bethlehem ihr's liegen find't,
in einer Kripp das Jesuskind.
Wo, wo, wo, wo ist das Kindelein?

3. So, so, so, so singt der Engel Chor:
Ein Kind, geboren in einem Stall,
das wohnet jetzt im Himmelssaal.
So, so, so, so singt der Engel Chor:

4. Ehr, Ehr, Ehr, Ehr sei Gott in der Höh,
und Fried den Menschen insgemein,
die eines guten Willens sein!
Ehr, Ehr, Ehr, Ehr sei Gott in der Höh!

1. Ihr Kinderlein kommet, o kommet doch all,
   zur Krippe her kommet in Bethlehems Stall,
   und seht, was in dieser hochheiligen Nacht
   der Vater im Himmel für Freude uns macht!

2. Da liegt es, das Kindlein, auf Heu und auf Stroh,
   Maria und Josef betrachten es froh;
   die redlichen Hirten knien betend davor,
   hoch oben schwebt jubelnd der Engelein Chor.

3. O beugt wie die Hirten anbetend die Knie;
   erhebet die Hände und danket wie sie!
   Stimmt freudig, ihr Kinder, wer sollt sich nicht freun,
   stimmt freudig zum Jubel der Engel mit ein!

Worte: Christoph von Schmid   Weise: Johann Abraham Peter Schulz

*Zur Begleitung*

Satz: Walter Rein, aus Fritz Jöde „Der Musikant", Möseler Verlag, Wolfenbüttel und Zürich

*Aus Franken*

1. O freudenreicher Tag, o gnadenreicher Tag!
Maria auserkoren ein Kindlein hat geboren
zu Bethlehem im Stall, im Stall,
zu Bethlehem im Stall.

2. Dies Kind ist Gottes Sohn,
kommen vom höchsten Thron.
Laßt uns dasselbe preisen,
ihm Lob und Ehr erweisen
|: zu Bethlehem im Stall. :|

3. Bei diesem Kindelein
viel tausend Engel sein,
dasselbe zu verehren
als ihren Gott und Herren
|: zu Bethlehem im Stall.:|

1. Lobt Gott, ihr Christen alle gleich, in seinem höchsten Thron,
der heut schleußt auf sein Himmelreich und schenkt uns seinen Sohn
und schenkt uns seinen Sohn.

2. Er kommt aus seines Vaters Schoß
und wird ein Kindlein klein,
er liegt dort elend, nackt und bloß
|: in einem Krippelein. :|

3. Heut schleußt er wieder auf die Tür
zum schönen Paradeis;
der Cherub steht nicht mehr dafür.
|: Gott sei Lob, Ehr und Preis! :|

*Sternsinger* — *Alle* — *Aus Ostpreußen*

1. Wir treten her-ein oh-ne al-len Spott, oh-ne al-len Spott.

*Sternsinger — Alle (Wiederholung)*

Ein' schön' gu-ten A-bend, den geb euch Gott.

2. Einen schön' guten Abend, |: eine fröhliche Zeit, :|
   die uns der Herr Gott hat bereit.

3. Wir kommen hierher, |: von Gott gesandt, :|
   mit diesem Stern aus Morgenland.

4. Wir zogen daher |: in schneller Eil', :|
   in dreißig Tagen vierhundert Meil'.

5. Wir kamen |: vor Herodes Haus, :|
   Herodes schaut zum Fenster raus.

6. „Ihr lieben drei Weisen, |: wo wollt ihr hin?" :|
   „Nach Bethlehem steht unser Sinn,

7. nach Bethlehem |: in Davids Stadt, :|
   allwo der Herr Christ geboren ward."

8. Wir zogen miteinander |: den Berg hinaus, :|
   wir sahen, der Stern stand über dem Haus.

9. Wir zogen miteinander |: das Tal hinein :|
   und fanden das Kind im Krippelein.

10. Wir fanden das Kind, |: war nackend und bloß, :|
    Maria nahm's auf ihren Schoß.

11. Wir taten |: unsre Schätze auf :|
    und schenkten dem Kind Gold und Weiherauch.

*Aus Bayern*

1. Die heil-gen drei Kö-nig, so sind wir ge-nannt;
wir kom-men von fer-ne, vom Mor-gen-land.
1.–4. Ihr Ster-ne gebt al-len den Schein; ein neu-es Jahr geht uns bald ein.

2. Die heilgen drei König mit ihrigem Stern;
   wir suchen das Kindlein, den Heiland, den Herrn.

3. Dem Kindlein, dem sind wir von Herzen so hold;
   wir bringen ihm Weihrauch und Myrrhen und Gold.

4. Lebt wohl nun, ihr Leute, wir ziehen so fern,
   die heilgen drei König mit ihrigem Stern.

*Der erste König* — *Aus Glatz*

1. O gro-ßer Gott, o klei-nes Kind, wie ich dich hier in der Krip-pe find, so schenk ich dir das ro-te Gold, ich bitt, du wollst mir blei-ben hold. 1.–3. Schließ mich ein in dei-ne Huld, ver-gib mir al-le mei-ne Schuld!

*Der zweite König*

2. O kleines Kind, o großer Gott,
   der du hier liegst und leidest Not,
   ich schenke dir den Weihrauch mein
   und bitt, du wollst mir gnädig sein.

*Der dritte König*

3. Ich armer Sünder fall dir zu Füßen,
   um deine Gottheit zu begrüßen.
   Ich schenke dir den bittern Myrrhen,
   wie's deiner Menschheit tut gebühren.

*Aus der Schweiz*

Es schnei - e - let, es bei - e - let, es weht ein küh - ler Wind,
die Mäd-chen zie-hen Hand-schuh an, die Bu-ben lau-fen g'schwind.

1. Juch - he, juch - he,
Juch - he, juch - he, juch - he, der er - ste Schnee!
In gro - ßen wei - ßen Flok - ken, so kam er ü - ber Nacht
und will uns al - le lok - ken hin - aus in Win - ter - pracht.

2. Juchhe, juchhe,
   erstarrt sind Bach und See!
   Herbei von allen Seiten
   aufs glitzerblanke Eis,
   dahin, dahin zu gleiten
   nach alter, froher Weis!

3. Juchhe, juchhe,
   jetzt locken Eis und Schnee!
   Der Winter kam gezogen
   mit Freuden mannigfalt,
   spannt seinen weißen Bogen
   weit über Feld und Wald.

Worte, Weise und Satz: Karl Marx, Verlag Merseburger, Berlin

1. End-lich ist es nun so weit, seht nur, wie es lu-stig schneit!
Wei-ße Dä-cher, wei-ße Stra-ßen, wat-te-wei-ßes Win-ter-bild,
ro-te Wan-gen, ro-te Na-sen, und die Flok-ken wir-beln wild.

2. Endlich ist es nun soweit,
alle Welt ist weiß verschneit.
Hurtig, holt heraus den Schlitten,
hurtig geht's hinab den Hang,
auf der Eisbahn wird geglitten,
hei, die glatte Spur entlang!

3. Endlich ist es nun soweit,
weiß ist alles weit und breit.
Ja, der gute, alte Winter
hält uns Freuden rings bereit,
denn er ist ein Freund der Kinder,
und es schneit und schneit und schneit.

Worte: Rudolf Habetin   Weise: Karl Marx

1. Kom-met all und seht: vor dem Hau-se steht
ein dik-ker Mann und lacht, der ist aus Schnee ge-macht.

2. Einen blauen Topf
hat er auf dem Kopf,
das ist sein neuer Hut,
und der gefällt ihm gut.

3. Unser Schneemann weint,
wenn die Sonne scheint,
das ist ihm gar nicht recht,
denn das bekommt ihm schlecht.

Worte und Weise: Hans Poser, aus dem „Fröhlichen Kinderkalender", Fidula-Verlag, Boppard/Rhein

**Kommt und laßt uns tanzen, springen, kommt und laßt uns fröhlich sein!**

Kanon: Altfranzösisch aus dem 13. Jahrhundert
Worte: Fritz Jöde, Möseler Verlag, Wolfenbüttel und Zürich

Aus Thüringen

Kling, kling, Glöck-chen!

Wir tre-ten auf die Ket - te, daß die Ket - te klingt.
Wer ist das schö-ne Mäd-chen, das so schö-ne singt?

So klar wie ein Haar, hat ge-le-bet sie-ben Jahr, sie-ben Jahr sind um.

Die Schön-ste hat sich um-ge-dreht, hat ei-nen schö-nen Kranz be-schert.

Rin-gel, rin-gel, Ro-sen-kranz, mor-gen gehn wir auf den Tanz.

*Aus Frankreich*

*Aus England*

1. Di-del da-del du! Mariann verlor den Schuh,
der Hans verlor den Fidelbogen, was ist da zu tun?
Ja, was ist da zu tun? Ja, was ist da zu tun?
Der Hans verlor den Fidelbogen, was ist da zu tun?

2. Didel dadel du!
   Nun sag mir, was ich tu!
   Bis Hansel seinen Bogen findt,
   tanz ich halt ohne Schuh.
   Ja, didel dadel du!
   Nun sag mir . . .

3. Didel dadel du!
   Mariann fand ihren Schuh;
   und Hans fand seinen Fidelbogen,
   didel dadel du.
   Ja, didel dadel du!
   Mariann fand . . .

4. Didel dadel du!
   Mariann tanzt immerzu
   mit Hans und seinem Fidelbogen,
   didel dadel du.
   Ja, didel dadel du!
   Mariann tanzt . . .

Textübertragung: Paul Nitsche, B. Schott's Söhne, Mainz

1. 's ist ein Mann in Brunn' gefalln, hab ihn hören plumpen.
   Wärn wir nicht hinzugekommn, wär der Kerl ertrunken.
2. Haben ihn herausgeholt, muß im Grase hocken.
   Kam der liebe Sonnenschein, war er wieder trocken.

2. Strophe: Walther Pudelko, aus „Das Rosentor", Bärenreiter-Verlag, Kassel und Basel

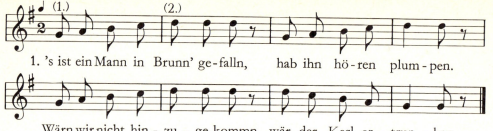

Aus Holstein

1. Jetzt steigt Hampelmann, jetzt steigt Hampelmann,
   jetzt steigt Hampelmann aus seinem Bett heraus.

1.–7. O du mein Hampelmann, mein Hampelmann, mein Hampelmann,
      o du mein Hampelmann, mein Hampelmann bist du.

2. Jetzt zieht Hampelmann sich seine Strümpfe (Hose, Jacke) an.
3. Jetzt setzt Hampelmann sich seine Mütze auf.
4. Jetzt geht Hampelmann mit seiner Frau spaziern.
5. Jetzt tanzt Hampelmann mit seiner lieben Frau.
6. Er hat ein schief Gesicht, und sie hat krumme Füß.
7. Er lacht „hahaha", sie lacht „hihihi", er lacht „hahaha", der Hampelmann ist da.

*Zwei Musikanten*
Wir sind zwei Mu-si-kan-ten und komm'n aus Schwa-ben-land.

*Die andern*
Ihr seid zwei Mu-si-kan-ten und kommt aus Schwa-ben-land.

*Zwei Musikanten*
Wir kön-nen spie-len Vi-o-vi-o-vi-o-lin,
wir kön-nen spie-len Baß, Vi-ol und Flöt.

*Die andern*
Und wir kön-nen tan-zen hop-sa-sa, hop-sa-sa, hop-sa-sa,
und wir kön-nen tan-zen hop-sa-sa, hop-sa-sa.

*Aus Thüringen*

Es tanzt ein Bi-Ba-But-ze-mann in un-serm Kreis her-um, bi-de-bum, um.

Er rüt-telt sich, er schüt-telt sich, er wirft sein Säck-lein hin-ter sich.

Es tanzt ein Bi-Ba-But-ze-mann in un-serm Kreis her-um.

*So tanzt Butzemann*

A

*Ende*

B

*A wiederholen*

*Aus der Mark Brandenburg*

1. Grün, grün, grün sind al-le mei-ne Klei-der,

grün, grün, grün ist al-les, was ich hab'.

Dar-um lieb ich al-les, was so grün ist,

weil mein Schatz ein Jä-ger, Jä-ger ist.

2. Weiß ... weil mein Schatz ein Bäcker, Bäcker ist.
3. Schwarz ... weil mein Schatz ein Schornsteinfeger ist.
4. Bunt ... weil mein Schatz ein Maler, Maler ist.

*Aus Schwaben*

1. Kommt ein Reitersmann daher auf der grünen Wiese, hat ein buntes Röcklein an, neigt sich vor der Liese:

1.–3. „Jungfer, schönste Jungfer mein, tanzen wir ein wenig?"

„Mag nicht tanzen, danke schön, wart auf einen König!"

2. Kommt ein Kaufmannssohn daher
auf der grünen Wiese,
hat ein Wams von Seide an,
neigt sich vor der Liese:

3. Kommt ein Schneiderlein daher
auf der grünen Wiese,
hat ein grünrot Röcklein an,
neigt sich vor der Liese:

4. Liese wartet Jahr um Jahr
auf der grünen Wiese,
doch kein König kommen mag,
keiner spricht zur Liese:

Jungfer, schönste Jungfer mein,
tanzen wir ein wenig?
„Ach, wie wär das Tanzen schön,
wär's auch grad kein König!"

5. Kommt der Schweinehirt daher,
Jochen Christoph Stoffel,
hat nicht Schuh noch Strümpfe an,
trägt nur Holzpantoffel.

Und der Stoffel tanzt mit ihr, mit der stolzen Liese.

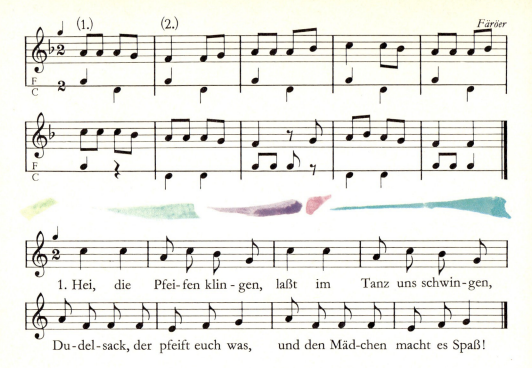

*Färöer*

1. Hei, die Pfeifen klingen, laßt im Tanz uns schwingen,
   Dudelsack, der pfeift euch was, und den Mädchen macht es Spaß!

2. Pfeift und laßt uns leben,
   will zwei Groschen geben,
   Wirt nimm einen in die Hand!
   Einen kriegt der Musikant.

3. Zicklein auf dem Rasen,
   dein Fell muß heut blasen;
   ist das Zicklein nimmer ganz –
   spielt der Dudelsack zum Tanz.

Aus Béla Bartók „Vier slowakische Volkslieder"   Textübertragung: R. St. Hoffmann, Verlag Boosey & Hawkes, London

*Aus Frankreich*

1. Habt ihr unser Haus, unser schönes Haus gesehn?
   Unser Haus ist schöner, seht ihr's nicht dort droben stehn?

2. Und in unserm Haus hundert Fenster sind zu sehn!
   Hundert Säle könnt ihr in unserm Hause sehn!

3. Und in unserm Stall hundert weiße Pferde stehn!
   Weiße Pferde, hei, laßt sie uns doch einmal sehn!

Textübertragung: Anneliese Schmolke, aus Hans Bergese „Schulwerk für Spiel – Musik – Tanz" Band I (Singen und Spielen), Möseler Verlag, Wolfenbüttel und Zürich

Aus Norwegen

1. Heute tanzen alle, heißa, im Hühnerstalle.

1.–5. Tra-la-la-la-la, la-la und rund herum,

heute tanzen alle!

2. Erst kommt unser Vater,
tanzt mit dem alten Kater.

3. Nach ihm kommt die Mutter,
tanzt mit dem Faß voll Butter.

4. Grete mit der Ziege
tanzt auf der Hühnerstiege.

5. Und der Hans, der kleine,
tanzt nur mit sich alleine.

Neudichtung: Barbara Heuschober, aus Jöde/Gundlach „Pro Musica", Möseler Verlag, Wolfenbüttel und Zürich

Aus Frankreich

1.–6. Kennt ihr schon Avignon? Laßt uns tanzen auf der Brücke!
Sur le pont d'Avignon l'on y danse, l'on y danse,

*Ende*

Kennt ihr schon Avignon? Laßt uns tanzen rund herum!
sur le pont d'Avignon l'on y danse tout en rond.

*von vorne*

1. Die Männer machen so und dann wieder so.
2. Die Frauen machen so und dann wieder so.
3. Und die Soldaten so und dann wieder so.
4. Die Wäscherinnen so und dann wieder so.
5. Die Schuster machen so und dann wieder so.
6. Die Musikanten so und dann wieder so.

Aus Kanada

1.–6. Klei - ne Ler - che, lie - be klei - ne Ler - che, klei - ne Ler - che, wart, ich zup - fe dich!

1. Am Köpf - lein zupf ich dich, am Köpf - lein zupf ich dich,
2. Am Häls - lein zupf ich dich, am Häls - lein zupf ich dich,
3. Am Schnäblein zupf ich dich, am Schnäblein zupf ich dich,

1. am Köpf - lein, am Köpf - lein. Ah!
2. am Häls - lein, am Häls - lein,
   am Köpf - lein, am Köpf - lein. Ah!
3. am Schnäb - lein, am Schnäb - lein,
   am Häls - lein, am Häls - lein,
   am Köpf - lein, am Köpf - lein. Ah!
4. Am Rücken ...
5. Am Flügel ...
6. Am Füßlein ...

Aus Holstein

1.–4. Wi - de - wi - de - wen - ne heißt mei - ne Gluck - hen - ne.

1. Kann-nicht-ruhn heißt mein Huhn, Wak - kel-schwanz heißt meine Gans.

1.–4. Wi - de - wi - de - wen - ne heißt mei - ne Gluck - hen - ne.

2. Schwarz-und-weiß heißt meine Geiß, Treib-ein so heißt mein Schwein.
   Kann-nicht-ruhn ..., Wackelschwanz ...
3. Ehrenwert heißt mein Pferd, Gute-Muh heißt meine Kuh.
   Schwarz-und-weiß ..., Treib-ein ...
4. Wettermann heißt mein Hahn, Kunterbunt heißt mein Hund.
   Ehrenwert ..., Gute-Muh ...

*Aus Norwegen*

1. Hans Spiel-mann, der hat ei-ne ein-zi-ge Kuh.

Ver-kauft sei-ne Kuh, kriegt 'ne Fie-del da-für, für.

1.–4. Du gu-te, al-te Vi-o-lin, du Vi-o-lin, du Fie-del mein.

2. Hans Spielmann, der spielt, und die Fiedel, die singt,
   das Mädel tut weinen, der Bursche, der springt.

3. Und werd' ich so alt wie der älteste Baum,
   ich tauscht' für 'ne Kuh meine Fiedel wohl kaum.

4. Und werd' ich so alt wie das Moos auf dem Stein,
   ich tauscht' für 'ne Kuh meine Fiedel nicht ein.

*Aus der Schweiz*

1. Ich bin das ganze Jahr vergnügt;
im Frühling wird das Feld gepflügt.
Dann steigt die Lerche hoch empor und singt ihr frohes Lied mir vor
und singt ihr frohes Lied mir vor.

2. Und kommt die liebe Sommerzeit;
   wie hoch ist da mein Herz erfreut,
   wenn ich vor meinem Acker steh
   |: und soviel tausend Ähren seh! :|

3. Rückt endlich Erntezeit heran,
   dann muß die blanke Sense dran;
   dann zieh ich in das Feld hinaus
   |: und schneid und fahr die Frucht nach Haus. :|

4. Im Herbst schau ich die Bäume an,
   seh Äpfel, Birnen, Pflaumen dran.
   Und sind sie reif, so schüttl ich sie.
   |: So lohnet Gott des Menschen Müh! :|

5. Und kommt die kalte Winterszeit,
   dann ist mein Häuschen überschneit;
   das ganze Feld ist kreideweiß
   |: und auf der Wiese nichts als Eis. :|

6. So geht's jahraus, jahrein mit mir;
   ich danke meinem Gott dafür
   und habe immer frohen Mut
   |: und denke: Gott macht alles gut. :|

Worte: Nach Chr. F. D. Schubart

*Aus Mähren*

1. Der Mül-ler hat ein Müh-len-haus, Mi-Ma-Müh-len-haus,
kommt Korn hin-ein und Mehl her-aus, Mi-Ma-Mehl her-aus.
Müh-len-haus – Mehl her-aus: So sieht uns-re Wirt-schaft aus.

2. Der Bäcker, der backt weiße Wecken, wi- wa- weiße Wecken,
(י) braunes Brot und Streuselschnecken, Stri- Stra- Streuselschnecken.
Weiße Wecken – Streuselschnecken –
Mühlenhaus – Mehl heraus:
So sieht unsre Wirtschaft aus.

3. Der Schlachter schlacht' ein feistes Schwein, fi- fa- feistes Schwein,
und pökelt Speck und Schinken ein, Schi- Scha- Schinken ein.
Feistes Schwein – Schinken ein –
weiße Wecken – Streuselschnecken –
Mühlenhaus – Mehl heraus:
So sieht unsre Wirtschaft aus.

4. Der Bauer hat 'ne bunte Kuh, bi- ba- bunte Kuh,
die gibt uns Milch und Butter dazu, Bi-Ba- Butter dazu.
Bunte Kuh – Butter dazu –
feistes Schwein – Schinken ein –
weiße Wecken – Streuselschnecken –
Mühlenhaus – Mehl heraus:
So sieht unsre Wirtschaft aus.

Worte: Nach Paula Dehmel  Weise: Adolf Lohmann, aus „Liedergarbe",
Christophorus Verlag, Freiburg/Br.

1. Es war ein fau-ler Schä - fer,
   ein rech-ter Sie-ben-schlä - fer, den küm-mer-te kein Schaf.

2. Da ist der Wolf gekommen
   und hat ihm weggenommen
   die Schaf und auch den Schlaf.

Nach „Orff-Schulwerk", B. Schott's Söhne, Mainz

*Aus Franken*

1. Schä-fer, sag, wo tust du wei-den? „Draußen im Feld auf grü-ner Hei-den."

Drau-ßen im Feld auf grü-ner Hei-den tun die lust-'gen Schä-fer wei-den.

1.–6. Und ich sag, es bleibt da-bei: lu-stig ist die Schä-fe-rei.

2. Schäfer, sag, wann fährst in Klee?
   „Wann ich keinen Bauern seh."
   Wann ich keinen Bauern seh,
   fahr ich hurtig in den Klee.

3. Schäfer, sag, was willst du essen?
   „Saure Würst und span'schen Pfeffer."
   Saure Würst und span'schen Pfeffer,
   tun die lust'gen Schäfer essen.

4. Schäfer, sag, was willst du trinken?
   „Roten Wein und Zucker drinnen."
   Roten Wein und Zucker drinnen
   tun die lust'gen Schäfer trinken.

5. Schäfer, sag, wo tust du tanzen?
   „Im Wirtshaus bei den Musikanten."
   Im Wirtshaus bei den Musikanten
   tun die lust'gen Schäfer tanzen.

6. Schäfer, sag, wo tust du schlafen?
   „Draußen im Pferch bei meinen Schafen."
   Draußen im Pferch bei ihren Schafen,
   tun die lust'gen Schäfer schlafen.

*Aus Franken*

1. Schnei-dri, schnei-dra, schnei-drum, schnei-dri, schnei-dra, schnei-drum!
Ich bin der Meister Schneider und mach den Leuten Kleider
im Lande weit herum, schnei-dri, schnei-dra, schnei-drum.

2. |: Ich sitz und schau mich um, :|
als wenn ich Kaiser wäre,
mein Szepter ist die Schere,
mein Tisch das Kaisertum ...

3. |: Spott keins der Schneider mehr! :|
Man halte sie in Ehren,
wenn keine Schneider wären,
wir liefen nackt herum ...

1. Und als die Schneider Jahrstag hatt'n, da war'n sie alle froh.
Da saßen alle neune, ja neunmal neunzig neune,
auf einem Halme Stroh.
„Wer denn?" „Die Schneider!"

1.–7. Schnei-der ketz, ketz, ketz, kil-le meck, meck, meck, bum, bum, juch-hei-ras-sa!

2. Und als sie so versammelt war'n, da brauchten sie viel Mut.
Da tranken alle neune, ja neunmal neunzig neune, aus einem Fingerhut.

3. Und als sie an die Herberg kam'n, da konnten sie nicht 'rein.
Da krochen alle neune, ja neunmal neunzig neune, zum Schlüsselloch hinein.

4. Und als sie glücklich drinnen war'n, da hielten sie ein' Schmaus,
da saßen alle neune, ja neunmal neunzig neune, bei einer gebratnen Laus.

5. Und als sie nun gegessen hatt'n, da hielten sie ein' Tanz,
da saßen alle neune, ja neunmal neunzig neune, auf einem Ziegenschwanz.

6. Und als sie nun getanzet hatt'n, da waren sie sehr froh,
da schliefen alle neune, ja neunmal neunzig neune, auf einem Halme Stroh.

7. Und als sie nun so schliefen, da raschelt eine Maus,
da schlüpften alle neune, ja neunmal neunzig neune, zum Schlüsselloch hinaus.

*Melodiebausteine*

Mi- Ma- Maurermann
baut das Haus, so schnell er kann,
setzt bei Wind und Sonnenschein
immer fleißig Stein auf Stein.

*Zur Begleitung*

*Aus Schlesien*

1. Und wenn das Glöcklein fünfmal schlägt,
unsre Arbeit sich bewegt.
Tun wir auf den Bau hinlaufen,
tun auch unsre Kell eintauchen,
tauchen in den Mörtel ein,
denken's wär der beste Wein.

2. Und wenn es kommt zur |:Frühstückszeit,:|
|: ist der Kaffee schon bereit. :|
Ei, so trinken wir in Massen
eins, zwei, drei, vier, fünf, sechs Tassen
nach dem rechten |: Lob und Preis: :|
|: Lustig ist, was Maurer heißt! :|

3. Und wenn es kommt zur |: Mittagszeit, :|
|: ist das Essen schon bereit. :|
Greifen wir nach Gabel und Messer,
fangen tapfer an zu essen,
daß dem Meister wird |: angst und bang: :|
|: „Ach, Geselln, eßt nicht so lang!" :|

*Aus Franken*

1. Mein Handwerk fällt mir schwer, drum lieb ich's noch viel mehr.
Es freuet mich von Herzen, es bringt mir keine Schmerzen.
Mein Handwerk fällt mir schwer, drum lieb ich's noch viel mehr.

2. Wo kommen Kirchen her
und Häuser noch viel mehr?
Die Brücken auf den Flüssen,
die wir aufschlagen müssen?
Zu Wasser und zu Land
ist unser Werk bekannt.

3. Ist nun der Bau vorbei,
dann gibt's 'ne Schmauserei.
Gut Essen und gut Trinken,
gebratne Wurst und Schinken,
gut Bier und kühlen Wein:
Da kann man lustig sein!

*Melodiebausteine*

Schri- Schra- Schreiner
hobelt wie sonst keiner,
macht uns einen großen Schrank,–
einen Tisch und eine Bank.

*Zur Begleitung*

Sprechverse: Lene Hille-Brandts, aus „Bi-Ba-Bäcker", Verlag Annette Betz, München

# Kennst du mich?

Kennst du mich, so freut es dich;
kennst du mich nicht, so suche mich nur emsiglich:
Du findest mich ganz sicherlich.

Es geht eine Brücke über den Bach,
sie ist gewirket in einer Nacht,
kein König hat das je erdacht.
Kommen zwei die Brücke brechen,
kein Wort nicht sprechen,
den einen sah, man hört ihn nicht,
den andern hört, man sah ihn nicht.
*Kennst du mich ...*

Ein Tal voll und ein Land voll
und am End' ist's keine Hand voll.
*Kennst du mich ...*

Nach „Orff-Schulwerk", B. Schott's Söhne, Mainz

Aus „Orff-Schulwerk", B. Schott's Söhne, Mainz

Aus Westfalen

1. Was macht der Fuhrmann? Der Fuhrmann spannt den Wagen an,
die Pferde ziehn, die Peitsche knallt, daß laut es durch die Straßen hallt:
He, Fuhrmann, he, he, he, hol-la-he!

2. Was macht der Fährmann?
   Der Fährmann legt ans Ufer an
   und denkt: „Ich halt nicht lange still,
   es komme, wer da kommen will!"
   He, Fährmann ...

3. Da kam der Fuhrmann
   mit seinem großen Wagen an;
   der war mit Kisten vollgespickt,
   daß sich der Fährmann sehr erschrickt.
   He, Fuhrmann ...

4. Da sprach der Fährmann:
   „Ich fahr euch nicht, Gevattersmann,
   gebt ihr mir nicht aus jeder Kist
   ein Stück von dem, was drinnen ist!"
   He, Fährmann ...

5. „Ja", sprach der Fuhrmann.
   Und als sie kamen drüben an,
   da öffnet er die Kisten gschwind,
   da war nichts drin als lauter Wind.
   He, Fuhrmann ...

6. Schimpft da der Fährmann?
   O nein, o nein, er lachte nur:
   „Aus jeder Kist ein bißchen Wind,
   dann fährt mein Schifflein sehr geschwind!"
   He, Fährmann ...

Al-le mei-ne Entchen haben Schwänzchen,
quack wi-di wack, und du bist ab.

**Zur Begleitung**

Aus „Orff-Schulwerk", B. Schott's Söhne, Mainz

Bi-de-le, ba-de-le, bu-de-le Bat-zen, sie-ben klit-ze-klei-ne Kat-zen
ka-men in die Stadt hin-ein, gin-gen gleich ins Wirts-haus 'nein.
Woll-ten Es-sen han, fin-gen's Tan-zen an.
Rums-ti, bums-ti, witt, witt, witt,
ich und du, ich und du, ich und du, wir tan-zen mit.

Anneliese Schmolke, aus Hans Bergese „Schulwerk für Spiel – Musik – Tanz" Band I (Singen und Spielen), Möseler Verlag, Wolfenbüttel und Zürich

*Aus Holland*

1.–4. Lan - ge Wa - gen tra - gen viel.

Hast du wohl ein Läm - mer - chen für mei - nen Wa - gen?

1. Wo soll ich es su - chen? Hin - ten bei den Bu - chen?
2. Wo kann ich es fin - den? Hin - ten bei den Lin - den?
3. Wo kann ich's er - rei - chen? Hin - ten bei den Ei - chen?
4. Lämm - chen, darf nicht säu - men! Ist es bei den Bäu - men?

1.–4. Es ist fort, hier und dort!

Hab es schon ge - fun - den, bin ja schon an ihm vor - bei!

Komm, mein lie - bes Läm - mer - chen, komm, komm her - bei!

Textübertragung: James Krüss

1. Rums di-del dums di-del Du-del-sack, heu - te trei-ben wir Scha-ber-nack;

heu - te wird Mu - sik ge-macht, ein-mal nur ist Fa - se-nacht.

2. Rums didel dums didel Fiedelbogen,
heute wird durchs Dorf gezogen;
keiner soll uns Narren kennen
und bei unsrem Namen nennen.

3. Rums didel dums didel Paukenschlag,
ab morgen zähln wir jeden Tag,
bis das alte Jahr verklingt
und die neue Fasnacht bringt.

Worte: Karola Wilke
Weise: Wolfgang Stumme, aus Wolfgang Stumme „Der große Wagen", Möseler Verlag, Wolfenbüttel und Zürich

Es saßen neun Narren auf einem Karren.
Trila, trila, trila, trilala!
Da brach der Karren, da fielen die Narren.

*Aus Ungarn*

1. Fing mir ei-ne Mük-ke heut, grö-ßer als ein Pferd wohl;
   ließ das Fett, das Fett ihr aus, 's war ein gan-zes Faß voll!

1.–3. Wer dies glaubt, ein E-sel ist, grö-ßer als ein Pferd wohl,
grö-ßer als ein Pferd wohl!

2. Riß ihr dann den Stachel aus,
   war spitz wie 'ne Nadel,
   macht mir einen Degen draus,
   sah aus wie von Adel.

3. Zog ihr auch das Fell noch ab,
   macht mir eine Decke,
   lag darauf so weich und warm
   wie im Himmelbette.

Textübertragung: Hedwig Lüdeke, 2. und 3. Strophe: J. Königs und H. P. Lehmann, aus Béla Bartók „Das ungarische Volkslied", Verlag Walter de Gruyter, Berlin

*Aus Franken*

*Einer* — *Alle*
1. Wie sind mir mei-ne Stie-fel ge-schwolln, Stie-fel ge-schwolln,

*Einige* — *Alle*
daß sie nicht in die Fü-ße 'nein wolln, Fü-ße 'nein wolln!

1.–5. Ho, ho, ho, ho-li-ti, ho-li-ti, ho-li-ti, ho.

2. Ich nehme die Stube und |: kehre den Besen, :|
   die Mäuse haben die |: Katze gefressen. :|

3. Der Schäfer hat den |: Hund gebissen, :|
   drei Lämmer haben den |: Wolf zerrissen. :|

4. Es reiten die Tore zum |: Reiter hinaus, :|
   das Wirtshaus schaut zum |: Fenster hinaus. :|

5. Der Haber hat das |: Pferd verzehrt, :|
   drum ist das Lied ganz |: umgekehrt. :|

Wir bau-en ei-ne neu-e Stadt,
die soll die al-ler-schön-ste sein, die soll die al-ler-schön-ste sein.
Da zie-hen wir mit Ei-mern und Schau-feln und Wa-gen und Pfer-den
und Pup-pen und Au-tos und al-lem, was wir ha-ben, zu-sam-men hin-ein.
Wir bau-en ei-ne neu-e Stadt, die soll die al-ler-schön-ste sein.

1. Gruppe
Gibst du mir Stei-ne, geb ich dir Sand.

2. Gruppe
Holst du mir Was-ser, rühr ich den Kalk.

Wir baun die Häu-ser. Wir set-zen Dä-cher drauf.

Wir bau-en Stra-ßen. Wir baun die Stra-ßen-bahn.

1. und 2.
Wenn wir uns al-le hel-fen, steht un-se-re Stadt bald da.

Aus Paul Hindemith „Wir bauen eine Stadt", B. Schott's Söhne, Mainz

Wir sind die wohl-be-kann-ten lu-sti-gen Bre-mer Stadt-mu-si-kan-ten,
1. mu-si-zie-ren und mar-schie-ren in die gro-ße Stadt hin-ein,
denn in Bre-men soll das Le-ben lu-stig sein.
1.–6. I - a, wau-wau, i - a, wau-wau, mi - au, ki - kri-kie!

*Esel*
2. Muß mich plagen, Säcke tragen
und darf niemals müßig sein,
doch in Bremen soll das Leben lustig sein.

*Hund*
3. Muß stets bellen, Räuber stellen
und darf niemals schläfrig sein, doch ...

*Katze*
4. Muß mich plagen, 's Mäuslein jagen,
und wär es auch noch so klein, doch ...

*Hahn*
5. Muß mich schinden und verkünden
schon den ersten Sonnenschein, doch ...

6. *wie* 1.

Worte, Weise und Satz: Hans Poser, aus Hans Poser „Märchenlieder", Fidula-Verlag, Boppard/Rhein

## Hänsel und Gretel

*Mutter:* Hans, warum lachst nicht und springst nicht voran?
*Hänsel:* Weil ich so schnell nicht laufen kann.
Sitzt doch mein Mohrle hoch auf dem Dach,
schaut uns mit traurigen Augen nach.

*Vater:* Frau, wir sind schon tief im Wald.
*Mutter:* Gut, dann machen wir hier halt.
Hans, mach ein Feuer, aber gib acht!
Wir kommen wieder bei Anbruch der Nacht.

*Hänsel:* Gretel, nun laß doch das Singen und Springen.
*Gretel:* Hänsel, ich weiß doch, es wird uns gelingen,
den richtigen Weg zu finden nach Haus.
*Hänsel:* Weiß nicht – mir ist, als würde nichts draus.

1. Brü-der-chen, komm tanz mit mir! Bei-de Hän-de reich ich dir.

1.–3. Ein-mal hin, ein-mal her, rings her-um, das ist nicht schwer.

Mit dem Köpfchen nick, nick, nick, mit dem Fin-ger tick, tick, tick.
Mit den Fü-ßen trapp, trapp, trapp, mit den Hän-den klapp, klapp, klapp.

Ein-mal hin, ein-mal her, rings her-um, das ist nicht schwer.

*Gretel:* Hänsel, nun tanz doch, und dreh dich herum!
*Hänsel:* Laß mich dir zuschaun, ich bin ja so dumm!

*Lied:* Brüderchen, komm tanz mit mir

2. Ei, das hast du gut gemacht, ei, das hätt ich nicht gedacht!

3. Noch einmal das schöne Spiel, weil es uns so gut gefiel.

*Gretel:* Hänsel, ich hab dich zum Lachen gebracht!
*Hänsel:* Gretel – ein Stern! Es senkt sich die Nacht.

Gretel: Ich lege Reisig und Holz in die Glut,
dunkel und kalt wird's, ein Feuer tut gut.

Hänsel: Ich habe Hunger! – Bist du nicht müd?
Gretel: Ja. – Ich bete, daß Gott uns behüt.

1. Weißt du, wie-viel Stern-lein ste-hen an dem blau-en Him-mels-zelt?
Weißt du, wie-viel Wol-ken ge-hen weit-hin ü-ber al-le Welt?

Gott, der Herr, hat sie ge-zäh-let,
daß ihm auch nicht ei-nes feh-let

an der gan-zen gro-ßen Zahl, an der gan-zen gro-ßen Zahl.

2. Weißt du, wieviel Mücklein spielen
in der heißen Sonnenglut?
Wieviel Fischlein auch sich kühlen
in der hellen Wasserflut?
Gott, der Herr, rief sie mit Namen,
daß sie all ins Leben kamen,
|: daß sie nun so fröhlich sind. :|

3. Weißt du, wieviel Kinder frühe
stehn aus ihrem Bettlein auf,
daß sie ohne Sorg und Mühe
fröhlich sind im Tageslauf?
Gott im Himmel hat an allen
seine Lust, sein Wohlgefallen,
|: kennt auch dich und hat dich lieb. :|

Gretel: Hans? – Pst! Er schläft schon still.
Ob der Mond bald aufgehn will?
Er muß uns doch die Brotkrumen zeigen. –
Es rauscht! Es klingt! Sind's Glocken? Sind's Geigen?

Die Waldfee! – Hans, sie ist ganz nah!
Hänsel: Was gibt's? Sind Vater und Mutter da?
Gretel: Ach nein, die kommen nimmer mehr.
Doch schau rasch einmal näher her!

Waldfee und Kobold mit tausend Tieren
schwingen sich tanzend und jubilieren.
Lied: *Ein Männlein steht im Walde (Seite 40)*
Hänsel: Weg der Zauber! Wie dunkel! Wie kalt!
Komm, wir suchen den Weg aus dem Wald!

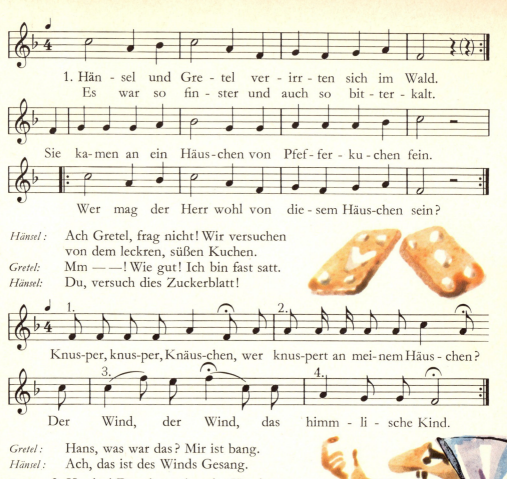

1. Hän-sel und Gre-tel ver-irr-ten sich im Wald.
   Es war so fin-ster und auch so bit-ter-kalt.
   Sie ka-men an ein Häus-chen von Pfef-fer-ku-chen fein.
   Wer mag der Herr wohl von die-sem Häus-chen sein?

*Hänsel:* Ach Gretel, frag nicht! Wir versuchen
von dem leckren, süßen Kuchen.
*Gretel:* Mm ——! Wie gut! Ich bin fast satt.
*Hänsel:* Du, versuch dies Zuckerblatt!

Knus-per, knus-per, Knäus-chen, wer knus-pert an mei-nem Häus-chen?
Der Wind, der Wind, das himm-li-sche Kind.

*Gretel:* Hans, was war das? Mir ist bang.
*Hänsel:* Ach, das ist des Winds Gesang.
*Lied:* 2. Hu, hu! Da schaut eine alte Hex heraus.
Sie lockt die Kinder ins Pfefferkuchenhaus.
Sie stellte sich gar freundlich: O Hänsel, welche Not!
Sie will dich braten im Ofen braun wie Brot.
*Hexe:* Seid's liebe Kind? Seid's gute Kind?
Helft einer alten Frau geschwind!
*Hänsel:* Ich fütter die Tier im Stall.
*Gretel:* Ich helf im Haus überall.
*Hexe:* Schon gut, ihr Kinder. Hans, komm mit mir!
Gretel, heiz Wasser an, du bleibst hier!
*Gretel:* Wie prasselt das Feuer, wie leuchtet die Glut!
Was ruft der Ofen? „Seid auf der Hut!"
*Lied:* 3. Doch als die Hexe zum Ofen schaut hinein,
ward sie gestoßen von unserm Gretelein.
Die Hexe mußte braten, die Kinder gehn nach Haus.
Nun ist das Märchen von Hans und Gretel aus.

Texte: Nora Berzheim

# Von seltsamen Brücken

*Sprich das Rätsel von der Brücke!*

Es ist die wun-der-schön-ste Brück,
dar-ü-ber noch kein Mensch ge-gan-gen,
doch ist dar-an ein selt-sam Stück,
daß ü-ber ihr die Was-ser han-gen

*Sing weiter!*

und unter ihr die Leute gehn,
ganz trocken und sich froh an-sehn,
die Schiffe segelnd durch sie ziehn,
die Vögel sie durch-fliegen kühn;
doch stehet sie im Sturme fest,
kein Zoll noch Weggeld zahlen läßt.

*Zur Begleitung* ... *Ende*

*Spiele das Lied von der goldenen Brücke!*

Gold-ne, gold-ne Brük-ke, wer hat sie denn ge-bro-chen?
Der Gold-schmied, der Gold-schmied mit sei-ner jüng-sten Toch-ter.
Zieht al-le durch, zieht al-le durch, den letz-ten wolln wir fan-gen
mit Spie-ßen und mit Stan-gen!

*Tanz mit auf der steinernen Brücke!*

1. Es führt über den Main eine Brük-ke von Stein;
wer dar-ü-ber will gehn, muß im Tan-ze sich drehn.
1.–7. Tra-la-la-la-la-la-la-la-la-la-la.

2. Kommt ein Fuhrmann daher,
hat geladen gar schwer,
seiner Rösser sind drei,
und sie tanzen vorbei.

3. Und ein Bursch ohne Schuh
und in Lumpen dazu,
als die Brücke er sah,
ei, wie tanzte er da.

4. Kommt ein Mädchen allein
auf die Brücke von Stein,
faßt ihr Röckchen geschwind,
und sie tanzt wie der Wind.

5. Und der König in Person
steigt herab von seinem Thron,
kaum betritt er das Brett,
tanzt er gleich Menuett.

6. „Liebe Leute, herbei!
Schlagt die Brücke entzwei!"
Und sie schwangen das Beil,
und sie tanzten derweil.

7. Alle Leute im Land
kommen eilig gerannt:
„Bleibt der Brücke doch fern,
denn wir tanzen so gern!"

8. *wie* 1.

## Wolfgang Amadeus Mozart

Im Jahre 1763 unternimmt Vater Leopold Mozart mit seinen beiden Kindern Wolfgang und Nannerl eine Konzertreise durch Europa. Die Kutsche bringt die Künstlerfamilie über Schwetzingen, Heidelberg, Mannheim, Mainz, Frankfurt, Koblenz, Köln nach Paris. In Frankfurt mußte das Konzert der Wunderkinder dreimal wiederholt werden. Über die Leistung der Kinder lesen wir in einer Augsburger Zeitung: „Das Mädchen, 11 Jahre alt, vermag die schwersten Klavierstücke der größten Meister mit einer kaum glaublichen Leichtigkeit genau und mit gutem Geschmack vorzutragen. In gänzliches Erstaunen aber versetzt der 6jährige Knabe die Zuhörer. Er spielt nicht nur Konzerte auf dem Klavier, sondern auch auf der Violine. Das Klavierspiel beherrscht er derart, daß er sogar auf den mit einem Schnupftuch verdeckten Tasten ebenso gut spielt, als wenn er die Tasten vor Augen hätte. Ferner kann er alle tiefen und hohen Töne, die man einzeln oder in Akkorden auf dem Klavier oder auf allen erdenklichen Instrumenten, Glocken, Gläsern, Uhren u.a.m., angibt, genauestens benennen."

Nach O. E. Deutsch: „Mozart, Dokumente seines Lebens", Deutscher Taschenbuch Verlag, München

Wolfgang Amadeus Mozart: nach einem Stück für zwei Bassethörner (1786)

Zu dieser Melodie schrieb Mozart Variationen für Klavier. In dieser Komposition könnt ihr zwölfmal die Melodie hören. Jedesmal ist sie ein wenig verändert.

Mor-gen wolln wir Ha-fer mähn, mor-gen wolln wir bin-den.
Wo ist denn die Lieb-ste mein, wo soll ich sie fin-den?

Ge-stern a-bend sah ich sie un-ter ei-ner Lin-de,

ich ge-dacht in mei-nem Sinn: wer-de sie schon fin-den.

*(Im Kanon ohne zweite Stimme)*

In Mozarts Oper „Die Zauberflöte" erhält Papageno von der Königin der Nacht ein Glockenspiel. Es soll ihn vor Gefahren bewahren. Von den Klängen dieses Instruments werden die Diener des Sarastro verzaubert; sie fangen an zu tanzen und zu singen. So gelangt Papageno in das Reich des Sarastro.

Das klin-get so herr-lich, das klin-get so schön.

La-ra-la, la-la-la-ra-la-la-la, la-ra-la.

*Sopran-glockenspiel*

*Alt-glockenspiel*

101

**Ritze, ratze, ritze,
meine Mutter, die kocht Schnitze**

*Worte aus Hessen/Rheinland*

Ritze, ratze, ritze, meine Mutter, die kocht Schnitze.
Will ich mal dran lekke, kommt se mit dem Stekke.
Sitzt e Männche uff dem Dach, uff dem Dach,
hat sich halb kaputt gelacht.

*Zur Begleitung* 6×

Weise und Satz: Hans Poser, aus dem Liederblatt „Mosaik", Fidula-Verlag, Boppard/Rhein

*Aus der Schweiz*

1. Es kam ein Herr zum Schlößli
   auf einem weißen Rößli,
   da lugt die Frau zum Fenster raus
   und sagt: „Der Mann ist nicht zu Haus."

2. „'sist niemand da als Kinder
   und in dem Stall die Rinder."
   Der Herr auf seinem Rößli
   sagt zu der Frau vom Schlößli:

3. „Sind's gute Kind, sind's böse Kind?
   Ach, liebe Frau, sagt mir's geschwind!"
   Die Frau, die sagt: „Sehr böse Kind,
   sie folgen der Mutter gar nicht g'schwind."

4. Drauf sagt der Herr: „So reit ich heim,
   dergleichen Kinder brauch ich kein'!"
   Und reit auf seinem Rößli
   weit, weit hinweg vom Schlößli.

Weise auf Seite 79

*Zweite Stimme für Instrumente*

*Einer – Alle*         *Aus dem Bergischen*

1. Es ließ sich ein Bau-er ein Falt-rock schneid'n.
Von sie-ben-zehn El-len ließ er ihn sich schneid'n.

2. Und als nun der Faltrock fertig war,
da ging er, da stand er bei Lieschen im Gras.

3. „O Lieschen, mein Lieschen, sage mir,
mein neuer Faltrock, wie steht er mir?"

4. „Dein Faltrock, der ist ja verschnitten ganz,
er hat ja da unten und oben ein' Schwanz."

5. „Hat der Faltrock unten und oben ein' Schwanz,
dann soll ihn bezahlen der Schneider Franz."

6. "O Schneider, lieb Schneider, sage mir,
du hast ja verschnitten den Faltrock mir!"

7. "Und hab ich verschnitten den Faltrock dein,
hab ich ihn verschnitten im Mondenschein."

8. „Hast du ihn verschnitten im Mondenschein,
dann sollst ihn bezahlen im Sonnenschein!"

9. „Soll ich ihn bezahlen im Sonnenschein,
dann soll doch der Teufel dein Schneider sein!"

*Zur Begleitung ausmusizieren*

*Aus Franken*

1. Schnei-der, den mag ich nit, schneid't mir z'viel zu;
lie-ber will ich mir ein Schu-ster neh-me, macht mir 'n Paar Schuh, Schuh.

2. Schuster, den mag ich nit, hat schwarze Händ;
lieber will ich mir ein Weber nehme, macht mir ein Hemd.

3. Weber, den mag ich nit, tritt mit dem Fuß;
lieber will ich mir ein Jäger nehme, trägt'n Federhut.

4. Jäger, den mag ich nit, schießt zuviel tot;
lieber will ich mir ein Bauer nehme, hab ich mein Brot.

5. Bauer, den mag ich nit, lauft z'oft ins Feld;
lieber will ich mir ein andern nehme, der mir gefällt.

**Ricke, rucke, racke,**
**meine Mutter, die tut backe**

1. Kinder, bald ist Fasenacht, tra-la-la-la, tra-la-la-la!

Mutti schon die Küchle backt, tra-la-la-la, tra-la.

Überlege lang und still, wie ich mich maskieren will.

Kinder, bald ist Fasenacht, tra-la-la-la, tra-la!

2. Indianer, bum, bum, bum, trala ...
   Schieß in allen Gassen rum, trala ...
   Mit dem Krach vertreiben wir
   alle bösen Geister hier.
   Indianer, bum, bum, bum, trala ...

Worte und Weise: Josef Endres

Aus dem Rheinland

1. Ho, ho, ho, die Fasenacht ist do!

Fasenacht im Rhingken*, schneidt mir 'n Stück vom Schinken!

Ho, ho, ho, die Fasenacht ist do!

2. Ho, ho, ho, der Narr liegt auf dem Stroh!
   Stroh fängt an zu brennen,
   Narr fängt an zu rennen.
   Ho, ho, ho, die Fasenacht ist do!

* Rheinland

Dazu Fingerschnalzen, Klatschen, Holzblocktrommel, Handtrommel und Schellen

Nach „Orff-Schulwerk", B. Schott's Söhne, Mainz

1. Wenn die Bet-tel-leu-te tan-zen, wak-keln Ko-ber und der Ran-zen.

1.–5. Ei - a, ei - a, ei - a, so geht's so geht's, so geht's.

1. Ei, so geht's, so geht's, ei, so geht's, so geht's, wackeln Kober und der Ranzen.

2. Kommt man über eine Brücke,
klappern sie mit Stock und Krücke.

3. Kommt der Bauer vor die Türe,
stehn da gleich ein Stücker viere.

4. Kommen sie in eine Schänke,
springn sie über Tisch und Bänke.

5. Nun wohlan, ihr Schwestern, Brüder!
Seid gescheit und legt euch nieder!

Satz: Karl Berg

**Morgen und Abend**

1. Die hel-le Sonn leucht' jetzt her-für, fröhlich vom Schlaf auf-ste-hen wir.
Gott Lob, der uns in die-ser Nacht be-hüt' hat vor des Teu-fels Macht!

2. (4.) Laß unser Werk geraten wohl,
was jeder heut ausrichten soll,
daß unsre Arbeit, Müh und Fleiß
gereich zu deinem Lob und Preis!

1. Der Wäch-ter auf dem Türm-lein saß und rief mit hel-ler Stim-me:
Ist noch ei-ner da, der im Schlummer leit, er steh nur auf, es ist nun Zeit,
der Tag hat sich ge-zei-get, ge-zei-get.

2. Die Amseln singen schon im Grund,
im Tal die Bächlein springen,
der junge Morgen tut sich kund.
Da wollen wir mit Herz und Mund
dem Schöpfer Lob |: darbringen :|.

3. Fangt euer Handwerk hurtig an,
ihr Leute aller Orten!
Beginnet es mit Fröhlichkeit
und seid zu gutem Tun bereit,
bis daß die Sonn |: sich neiget :|!

Aus Gottfried Wolters „Das singende Jahr", Möseler Verlag, Wolfenbüttel und Zürich
1. Strophe: Fritz Jöde, 2. Strophe: Felix Oberborbeck, 3. Strophe: aus dem Baseler Musikant

Schlaf, Kin-de-lein, sü-ße, die En-ge-lein las-sen dich grü-ßen!

Sie las-sen dich grü-ßen und las-sen dir sa-gen,
sie wer-den dich nü-ber ins Him-me-lein tra-gen.

Schlaf, Kin-de-lein, sü-ße!

1. Der Mond ist auf-ge-gan-gen, die gold-nen Stern-lein pran-gen
Der Wald steht schwarz und schwei-get, und aus den Wie-sen stei-get

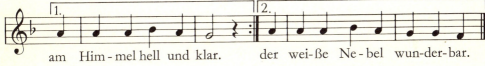

am Him-mel hell und klar.   der wei-ße Ne-bel wun-der-bar.

2. Wie ist die Welt so stille
und in der Dämmrung Hülle
so traulich und so hold!
Als eine stille Kammer,
wo ihr des Tages Jammer
verschlafen und vergessen sollt.

3. Seht ihr den Mond dort stehen?
Er ist nur halb zu sehen
und ist doch rund und schön.
So sind wohl manche Sachen,
die wir getrost belachen,
weil unsre Augen sie nicht sehn.

4. Wir stolzen Menschenkinder
sind eitel arme Sünder
und wissen gar nicht viel.
Wir spinnen Luftgespinste
und suchen viele Künste
und kommen weiter von dem Ziel.

5. (7.) So legt euch denn, ihr Brüder,
in Gottes Namen nieder;
kalt ist der Abendhauch.
Verschon uns, Gott, mit Strafen,
und laß uns ruhig schlafen
und unsern kranken Nachbar auch.

Worte: Matthias Claudius   Weise: J. A. P. Schulz

Der Frühling bringt Blumen, der Sommer den Klee,
der Herbst, der bringt Trauben, der Winter den Schnee

1. Es tö-nen die Lie-der, der Früh-ling kehrt wie-der,
2. es flö-tet der Hir-te auf sei-ner Schal-mei:
3. tra - la-la-la-la-la-la - la, tra - la-la-la-la-la-la - la.

*Aus Franken*

1. Was noch frisch und jung an Jah-ren, das geht jetzt auf Wan-der-schaft,
um was Neu-es zu er-fah-ren, keck zu pro-ben sei-ne Kraft.

1.–3. Bleib nicht sit-zen in dem Nest, Rei-sen ist das Al-ler-best!

2. Fröhlich klingen unsre Lieder,
und es grüßt der Amsel Schlag,
auf, so laßt uns reisen, Brüder,
in den hellen, jungen Tag!

3. Also gehn wir auf die Reise
in viel Städt und fremde Land,
machen uns mit ihrer Weise,
ihren Künsten wohlbekannt!

*Zur Begleitung (spielen oder singen)*

Satz: Erna Woll

**Macht hoch die Tür, die Tor macht weit!**

1. Macht hoch die Tür, die Tor macht weit!
Es kommt der Herr der Herrlichkeit,
ein König aller Königreich,
ein Heiland aller Welt zugleich,
der Heil und Leben mit sich bringt;
derhalben jauchzt, mit Freuden singt:
Gelobet sei mein Gott, mein Schöpfer reich von Rat!
(an)

2. (3.) O wohl dem Land, o wohl der Stadt,
so diesen König bei sich hat!
Wohl allen Herzen insgemein,
da dieser König ziehet ein!
Er ist die rechte Freudensonn,
bringt mit sich lauter Freud und Wonn.
Gelobet sei mein Gott,
mein Tröster früh und spat!

3. (5.) Komm, o mein Heiland Jesu Christ,
(O komm, mein Heiland Jesus Christ,)
meins Herzens Tür dir offen ist.
Ach zeuch mit deiner Gnaden ein;
(Ach zieh mit deiner Gnade ein;)
dein Freundlichkeit auch uns erschein.
Dein Heilger Geist uns führ und leit
den Weg zur ew'gen Seligkeit.
Dem Namen dein, o Herr,
sei ewig Preis und Ehr!